HEBREEUWS
WOORDENSCHAT

THEMATISCHE WOORDENLIJST

NEDERLANDS
HEBREEUWS

De meest bruikbare woorden
Om uw woordenschat uit te breiden en
uw taalvaardigheid aan te scherpen

5000 woorden

Thematische woordenschat Nederlands-Hebreeuws - 5000 woorden
Door Andrey Taranov

Woordenlijsten van T&P Books zijn bedoeld om u woorden van een vreemde taal te helpen leren, onthouden, en bestudering. Dit woordenboek is ingedeeld in thema's en behandelt alle belangrijk terreinen van het dagelijkse leven, bedrijven, wetenschap, cultuur, etc.

Het proces van het leren van woorden met behulp van de op thema's gebaseerde aanpak van T&P Books biedt u de volgende voordelen:

- Correct gegroepeerde informatie is bepalend voor succes bij opeenvolgende stadia van het leren van woorden
- De beschikbaarheid van woorden die van dezelfde stam zijn maakt het mogelijk om woordgroepen te onthouden (in plaats van losse woorden)
- Kleine groepen van woorden faciliteren het proces van het aanmaken van associatieve verbindingen, die nodig zijn bij het consolideren van de woordenschat
- Het niveau van talenkennis kan worden ingeschat door het aantal geleerde woorden

Copyright © 2016 T&P Books Publishing

Alle rechten voorbehouden. Niets uit deze uitgave mag worden verveelvoudigd, opgeslagen in een geautomatiseerd gegevensbestand en/of openbaar gemaakt in enige vorm of op enige wijze, hetzij elektronisch, mechanisch, door fotokopieën, opnamen of op enige andere manier zonder voorafgaande schriftelijke toestemming van de uitgever. U mag dit boek niet verspreiden in welk formaat dan ook.

T&P Books Publishing
www.tpbooks.com

ISBN: 978-1-78716-438-3

Dit boek is ook beschikbaar in e-boek formaat.
Gelieve www.tpbooks.com te bezoeken of de belangrijkste online boekwinkels.

HEBREEUWSE WOORDENSCHAT
nieuwe woorden leren

T&P Books woordenlijsten zijn bedoeld om u te helpen vreemde woorden te leren, te onthouden, en te bestuderen. De woordenschat bevat meer dan 5000 veel gebruikte woorden die thematisch geordend zijn.

- De woordenlijst bevat de meest gebruikte woorden
- Aanbevolen als aanvulling bij welke taalcursus dan ook
- Voldoet aan de behoeften van de beginnende en gevorderde student in vreemde talen
- Geschikt voor dagelijks gebruik, bestudering en zelftestactiviteiten
- Maakt het mogelijk om uw woordenschat te evalueren

Bijzondere kenmerken van de woordenschat

- De woorden zijn gerangschikt naar hun betekenis, niet volgens alfabet
- De woorden worden weergegeven in drie kolommen om bestudering en zelftesten te vergemakkelijken
- Woorden in groepen worden verdeeld in kleine blokken om het leerproces te vergemakkelijken
- De woordenschat biedt een handige en eenvoudige beschrijving van elk buitenlands woord

De woordenschat bevat 155 onderwerpen zoals:

Basisconcepten, getallen, kleuren, maanden, seizoenen, meeteenheden, kleding en accessoires, eten & voeding, restaurant, familieleden, verwanten, karakter, gevoelens, emoties, ziekten, stad, dorp, bezienswaardigheden, winkelen, geld, huis, thuis, kantoor, werken op kantoor, import & export, marketing, werk zoeken, sport, onderwijs, computer, internet, gereedschap, natuur, landen, nationaliteiten en meer ...

INHOUDSOPGAVE

Uitspraakgids 9
Afkortingen 10

BASISBEGRIPPEN 11
Basisbegrippen Deel 1 11

1. Voornaamwoorden 11
2. Begroetingen. Begroetingen. Afscheid 11
3. Hoe aan te spreken 12
4. Kardinale getallen. Deel 1 12
5. Kardinale getallen. Deel 2 13
6. Ordinale getallen 14
7. Getallen. Breuken 14
8. Getallen. Eenvoudige berekeningen 14
9. Getallen. Diversen 15
10. De belangrijkste werkwoorden. Deel 1 15
11. De belangrijkste werkwoorden. Deel 2 16
12. De belangrijkste werkwoorden. Deel 3 17
13. De belangrijkste werkwoorden. Deel 4 18
14. Kleuren 19
15. Vragen 20
16. Voorzetsels 20
17. Functiewoorden. Bijwoorden. Deel 1 20
18. Functiewoorden. Bijwoorden. Deel 2 22

Basisbegrippen Deel 2 24

19. Dagen van de week 24
20. Uren. Dag en nacht 24
21. Maanden. Seizoenen 25
22. Meeteenheden 27
23. Containers 28

MENS 29
Mens. Het lichaam 29

24. Hoofd 29
25. Menselijk lichaam 30

Kleding en accessoires 31

26. Bovenkleding. Jassen 31
27. Heren & dames kleding 31

28. Kleding. Ondergoed	32
29. Hoofddeksels	32
30. Schoeisel	32
31. Persoonlijke accessoires	33
32. Kleding. Diversen	33
33. Persoonlijke verzorging. Schoonheidsmiddelen	34
34. Horloges. Klokken	35

Voedsel. Voeding 36

35. Voedsel	36
36. Drankjes	37
37. Groenten	38
38. Vruchten. Noten	39
39. Brood. Snoep	40
40. Bereide gerechten	40
41. Kruiden	41
42. Maaltijden	42
43. Tafelschikking	43
44. Restaurant	43

Familie, verwanten en vrienden 44

45. Persoonlijke informatie. Formulieren	44
46. Familieleden. Verwanten	44

Geneeskunde 46

47. Ziekten	46
48. Symptomen. Behandelingen. Deel 1	47
49. Symptomen. Behandelingen. Deel 2	48
50. Symptomen. Behandelingen. Deel 3	49
51. Artsen	50
52. Geneeskunde. Medicijnen. Accessoires	50

HET MENSELIJKE LEEFGEBIED 52
Stad 52

53. Stad. Het leven in de stad	52
54. Stedelijke instellingen	53
55. Borden	54
56. Stedelijk vervoer	55
57. Bezienswaardigheden	56
58. Winkelen	57
59. Geld	58
60. Post. Postkantoor	59

Woning. Huis. Thuis 60

61. Huis. Elektriciteit	60

62.	Villa. Herenhuis	60
63.	Appartement	60
64.	Meubels. Interieur	61
65.	Beddengoed	62
66.	Keuken	62
67.	Badkamer	63
68.	Huishoudelijke apparaten	64

MENSELIJKE ACTIVITEITEN 65
Baan. Business. Deel 1 65

69.	Kantoor. Op kantoor werken	65
70.	Bedrijfsprocessen. Deel 1	66
71.	Bedrijfsprocessen. Deel 2	67
72.	Productie. Werken	68
73.	Contract. Overeenstemming	69
74.	Import & Export	70
75.	Financiën	70
76.	Marketing	71
77.	Reclame	72
78.	Bankieren	72
79.	Telefoon. Telefoongesprek	73
80.	Mobiele telefoon	74
81.	Schrijfbehoeften	74
82.	Soorten bedrijven	74

Baan. Business. Deel 2 77

83.	Show. Tentoonstelling	77
84.	Wetenschap. Onderzoek. Wetenschappers	78

Beroepen en ambachten 80

85.	Zoeken naar werk. Ontslag	80
86.	Zakenmensen	80
87.	Dienstverlenende beroepen	81
88.	Militaire beroepen en rangen	82
89.	Ambtenaren. Priesters	83
90.	Agrarische beroepen	83
91.	Kunst beroepen	84
92.	Verschillende beroepen	84
93.	Beroepen. Sociale status	86

Onderwijs 87

94.	School	87
95.	Hogeschool. Universiteit	88
96.	Wetenschappen. Disciplines	89
97.	Schrift. Spelling	89
98.	Vreemde talen	90

Rusten. Entertainment. Reizen	92
99. Trip. Reizen	92
100. Hotel	92

TECHNISCHE APPARATUUR. VERVOER	94
Technische apparatuur	94
101. Computer	94
102. Internet. E-mail	95
103. Elektriciteit	96
104. Gereedschappen	96

Vervoer	99
105. Vliegtuig	99
106. Trein	100
107. Schip	101
108. Vliegveld	102

Gebeurtenissen in het leven	104
109. Vakanties. Evenement	104
110. Begrafenissen. Begrafenis	105
111. Oorlog. Soldaten	105
112. Oorlog. Militaire acties. Deel 1	106
113. Oorlog. Militaire acties. Deel 2	108
114. Wapens	109
115. Oude mensen	111
116. Middeleeuwen	112
117. Leider. Baas. Autoriteiten	113
118. De wet overtreden. Criminelen. Deel 1	114
119. De wet overtreden. Criminelen. Deel 2	115
120. Politie. Wet. Deel 1	116
121. Politie. Wet. Deel 2	117

NATUUR	119
De Aarde. Deel 1	119
122. De kosmische ruimte	119
123. De Aarde	120
124. Windrichtingen	121
125. Zee. Oceaan	121
126. Namen van zeeën en oceanen	122
127. Bergen	123
128. Bergen namen	124
129. Rivieren	124
130. Namen van rivieren	125
131. Bos	125
132. Natuurlijke hulpbronnen	126

De Aarde. Deel 2 — 128

133. Weer — 128
134. Zwaar weer. Natuurrampen — 129

Fauna — 130

135. Zoogdieren. Roofdieren — 130
136. Wilde dieren — 130
137. Huisdieren — 131
138. Vogels — 132
139. Vis. Zeedieren — 134
140. Amfibieën. Reptielen — 134
141. Insecten — 135

Flora — 136

142. Bomen — 136
143. Heesters — 136
144. Vruchten. Bessen — 137
145. Bloemen. Planten — 138
146. Granen, graankorrels — 139

LANDEN. NATIONALITEITEN — 140

147. West-Europa — 140
148. Centraal- en Oost-Europa — 140
149. Voormalige USSR landen — 141
150. Azië — 141
151. Noord-Amerika — 142
152. Midden- en Zuid-Amerika — 142
153. Afrika — 143
154. Australië. Oceanië — 143
155. Steden — 143

UITSPRAAKGIDS

Naamletters	Letter	Hebreeuws voorbeeld	T&P fonetisch alfabet	Nederlands voorbeeld
Alef	א	אריה	[ɑ], [ɑ:]	acht
	א	אחד	[ɛ], [ɛ:]	zwemmen, existeren
	א	מאה	[ʔ]	glottisslag
Bet	ב	בית	[b]	hebben
Giemel	ג	גמל	[g]	goal, tango
Giemel+geresh	ג׳	ג׳ונגל	[dʒ]	jeans, jungle
Dalet	ד	דג	[d]	Dank u, honderd
Hee	ה	הר	[h]	het, herhalen
Waw	ו	וסת	[v]	beloven, schrijven
Zajien	ז	זאב	[z]	zeven, zesde
Zajien+geresh	ז׳	ז׳ורנל	[ʒ]	journalist, rouge
Chet	ח	חוט	[x]	licht, school
Tet	ט	טוב	[t]	tomaat, taart
Jod	י	יום	[j]	New York, januari
Kaf	כ ך	כריש	[k]	kennen, kleur
Lamed	ל	לחם	[l]	delen, luchter
Mem	מ ם	מלך	[m]	morgen, etmaal
Noen	נ ן	נר	[n]	nemen, zonder
Samech	ס	סוס	[s]	spreken, kosten
Ajien	ע	עין	[ɑ], [ɑ:]	acht
	ע	תשעים	[ʔ]	stemhebbende faryngale fricatief
Pee	פ ף	פיל	[p]	parallel, koper
Tsaddie	צ ץ	צעצוע	[ts]	niets, plaats
Tsaddie+geresh	צ׳ ץ׳	צ׳ק	[tʃ]	Tsjechië, cello
Koef	ק	קוף	[k]	kennen, kleur
Reesj	ר	רכבת	[r]	gutturale R
Sjien	ש	שלחן, עשרים	[s], [ʃ]	spreken, shampoo
Taw	ת	תפוז	[t]	tomaat, taart

AFKORTINGEN
gebruikt in de woordenschat

Nederlandse afkortingen

abn	-	als bijvoeglijk naamwoord
bijv.	-	bijvoorbeeld
bn	-	bijvoeglijk naamwoord
bw	-	bijwoord
enk.	-	enkelvoud
enz.	-	enzovoort
form.	-	formele taal
inform.	-	informele taal
mann.	-	mannelijk
mil.	-	militair
mv.	-	meervoud
on.ww.	-	onovergankelijk werkwoord
ontelb.	-	ontelbaar
ov.	-	over
ov.ww.	-	overgankelijk werkwoord
telb.	-	telbaar
vn	-	voornaamwoord
vrouw.	-	vrouwelijk
vw	-	voegwoord
vz	-	voorzetsel
wisk.	-	wiskunde
ww	-	werkwoord

Nederlandse artikelen

de	-	gemeenschappelijk geslacht
de/het	-	gemeenschappelijk geslacht, onzijdig
het	-	onzijdig

Hebreeuwse afkortingen

ז	-	mannelijk
ז"ר	-	mannelijk meervoud
ז, נ	-	mannelijk, vrouwelijk
נ	-	vrouwelijk
נ"ר	-	vrouwelijk meervoud

BASISBEGRIPPEN

Basisbegrippen Deel 1

1. Voornaamwoorden

ik	ani	אֲנִי (ז, נ)
jij, je (mann.)	ata	אַתָּה (ז)
jij, je (vrouw.)	at	אַתְּ (נ)
hij	hu	הוּא (ז)
zij, ze	hi	הִיא (נ)
wij, we	a'naxnu	אֲנַחְנוּ (ז, נ)
jullie (mann.)	atem	אַתֶּם (ז״ר)
jullie (vrouw.)	aten	אַתֶּן (נ״ר)
U (form., enk.)	ata, at	אַתָּה (ז), אַתְּ (נ)
U (form., mv.)	atem, aten	אַתֶּם (ז״ר), אַתֶּן (נ״ר)
zij, ze	hem, hen	הֵם (ז״ר), הֵן (נ״ר)
zij, ze (mann.)	hem	הֵם (ז״ר)
zij, ze (vrouw.)	hen	הֵן (נ״ר)

2. Begroetingen. Begroetingen. Afscheid

Hallo! Dag!	ʃalom!	שָׁלוֹם!
Goedemorgen!	'boker tov!	בּוֹקֶר טוֹב!
Goedemiddag!	tsaha'rayim tovim!	צָהֳרַיִים טוֹבִים!
Goedenavond!	'erev tov!	עֶרֶב טוֹב!
gedag zeggen (groeten)	lomar ʃalom	לוֹמַר שָׁלוֹם
Hoi!	hai!	הַיי!
groeten (het)	ahlan	אַהְלָן
verwelkomen (ww)	lomar ʃalom	לוֹמַר שָׁלוֹם
Hoe gaat het?	ma ʃlomxa?	מַה שְׁלוֹמְךָ? (ז)
Hoe is het?	ma niʃma?	מַה נִשְׁמָע?
Is er nog nieuws?	ma xadaʃ?	מַה חָדָשׁ?
Dag! Tot ziens!	lehitra'ot!	לְהִתְרָאוֹת!
Doei!	bai!	בַּיי!
Tot snel! Tot ziens!	lehitra'ot bekarov!	לְהִתְרָאוֹת בְּקָרוֹב!
Vaarwel!	lehitra'ot!	לְהִתְרָאוֹת!
afscheid nemen (ww)	lomar lehitra'ot	לוֹמַר לְהִתְרָאוֹת
Tot kijk!	bai!	בַּיי!
Dank u!	toda!	תּוֹדָה!
Dank u wel!	toda raba!	תּוֹדָה רַבָּה!
Graag gedaan	bevakaʃa	בְּבַקָשָׁה

Geen dank!	al lo davar	עַל לֹא דָּבָר
Geen moeite.	ein be'ad ma	אֵין בְּעַד מָה
Excuseer me, ...	sliχa!	סְלִיחָה!
excuseren (verontschuldigen)	lis'loaχ	לִסְלוֹחַ
zich verontschuldigen	lehitnatsel	לְהִתְנַצֵּל
Mijn excuses.	ani mitnatsel, ani mitna'tselet	אֲנִי מִתְנַצֵּל (ז), אֲנִי מִתְנַצֶּלֶת (נ)
Het spijt me!	ani mitsta'er, ani mitsta''eret	אֲנִי מִצְטַעֵר (ז), אֲנִי מִצְטַעֶרֶת (נ)
vergeven (ww)	lis'loaχ	לִסְלוֹחַ
Maakt niet uit!	lo nora	לֹא נוֹרָא
alsjeblieft	bevakaʃa	בְּבַקָּשָׁה
Vergeet het niet!	al tiʃkaχ!	אַל תִּשְׁכַּח! (ז)
Natuurlijk!	'betaχ!	בֶּטַח!
Natuurlijk niet!	'betaχ ʃelo!	בֶּטַח שֶׁלֹּא!
Akkoord!	okei!	אוֹקֵיי!
Zo is het genoeg!	maspik!	מַסְפִּיק!

3. Hoe aan te spreken

Excuseer me, ...	sliχa!	סְלִיחָה!
meneer	adon	אָדוֹן
mevrouw	gvirti	גְּבִרְתִּי
juffrouw	'gveret	גְּבֶרֶת
jongeman	baχur tsa'ir	בָּחוּר צָעִיר
jongen	'yeled	יֶלֶד
meisje	yalda	יַלְדָּה

4. Kardinale getallen. Deel 1

nul	'efes	אֶפֶס (ז)
een	eχad	אֶחָד (ז)
twee	'ʃtayim	שְׁתַּיִים (נ)
drie	ʃaloʃ	שָׁלוֹשׁ (נ)
vier	arba	אַרְבַּע (נ)
vijf	χameʃ	חָמֵשׁ (נ)
zes	ʃeʃ	שֵׁשׁ (נ)
zeven	'ʃeva	שֶׁבַע (נ)
acht	'ʃmone	שְׁמוֹנֶה (נ)
negen	'teʃa	תֵּשַׁע (נ)
tien	'eser	עֶשֶׂר (נ)
elf	aχat esre	אַחַת־עֶשְׂרֵה (נ)
twaalf	ʃteim esre	שְׁתֵּים־עֶשְׂרֵה (נ)
dertien	ʃloʃ esre	שְׁלוֹשׁ־עֶשְׂרֵה (נ)
veertien	arba esre	אַרְבַּע־עֶשְׂרֵה (נ)
vijftien	χameʃ esre	חֲמֵשׁ־עֶשְׂרֵה (נ)
zestien	ʃeʃ esre	שֵׁשׁ־עֶשְׂרֵה (נ)
zeventien	ʃva esre	שְׁבַע־עֶשְׂרֵה (נ)

achttien	ʃmone esre	שְׁמוֹנָה-עָשְׂרֵה (נ)
negentien	tʃa esre	תְּשַׁע-עָשְׂרֵה (נ)
twintig	esrim	עֶשְׂרִים
eenentwintig	esrim ve'eχad	עֶשְׂרִים וְאֶחָד
tweeëntwintig	esrim u'ʃnayim	עֶשְׂרִים וּשְׁנַיִים
drieëntwintig	esrim uʃloʃa	עֶשְׂרִים וּשְׁלוֹשָׁה
dertig	ʃloʃim	שְׁלוֹשִׁים
eenendertig	ʃloʃim ve'eχad	שְׁלוֹשִׁים וְאֶחָד
tweeëndertig	ʃloʃim u'ʃnayim	שְׁלוֹשִׁים וּשְׁנַיִים
drieëndertig	ʃloʃim uʃloʃa	שְׁלוֹשִׁים וּשְׁלוֹשָׁה
veertig	arba'im	אַרְבָּעִים
eenenveertig	arba'im ve'eχad	אַרְבָּעִים וְאֶחָד
tweeënveertig	arba'im u'ʃnayim	אַרְבָּעִים וּשְׁנַיִים
drieënveertig	arba'im uʃloʃa	אַרְבָּעִים וּשְׁלוֹשָׁה
vijftig	χamiʃim	חֲמִישִׁים
eenenvijftig	χamiʃim ve'eχad	חֲמִישִׁים וְאֶחָד
tweeënvijftig	χamiʃim u'ʃnayim	חֲמִישִׁים וּשְׁנַיִים
drieënvijftig	χamiʃim uʃloʃa	חֲמִישִׁים וּשְׁלוֹשָׁה
zestig	ʃiʃim	שִׁישִׁים
eenenzestig	ʃiʃim ve'eχad	שִׁישִׁים וְאֶחָד
tweeënzestig	ʃiʃim u'ʃnayim	שִׁישִׁים וּשְׁנַיִים
drieënzestig	ʃiʃim uʃloʃa	שִׁישִׁים וּשְׁלוֹשָׁה
zeventig	ʃiv'im	שִׁבְעִים
eenenzeventig	ʃiv'im ve'eχad	שִׁבְעִים וְאֶחָד
tweeënzeventig	ʃiv'im u'ʃnayim	שִׁבְעִים וּשְׁנַיִים
drieënzeventig	ʃiv'im uʃloʃa	שִׁבְעִים וּשְׁלוֹשָׁה
tachtig	ʃmonim	שְׁמוֹנִים
eenentachtig	ʃmonim ve'eχad	שְׁמוֹנִים וְאֶחָד
tweeëntachtig	ʃmonim u'ʃnayim	שְׁמוֹנִים וּשְׁנַיִים
drieëntachtig	ʃmonim uʃloʃa	שְׁמוֹנִים וּשְׁלוֹשָׁה
negentig	tiʃim	תִּשְׁעִים
eenennegentig	tiʃim ve'eχad	תִּשְׁעִים וְאֶחָד
tweeënnegentig	tiʃim u'ʃayim	תִּשְׁעִים וּשְׁנַיִים
drieënnegentig	tiʃim uʃloʃa	תִּשְׁעִים וּשְׁלוֹשָׁה

5. Kardinale getallen. Deel 2

honderd	'me'a	מֵאָה (נ)
tweehonderd	ma'tayim	מָאתַיִים
driehonderd	ʃloʃ me'ot	שְׁלוֹשׁ מֵאוֹת (נ)
vierhonderd	arba me'ot	אַרְבַּע מֵאוֹת (נ)
vijfhonderd	χameʃ me'ot	חָמֵשׁ מֵאוֹת (נ)
zeshonderd	ʃeʃ me'ot	שֵׁשׁ מֵאוֹת (נ)
zevenhonderd	ʃva me'ot	שְׁבַע מֵאוֹת (נ)
achthonderd	ʃmone me'ot	שְׁמוֹנָה מֵאוֹת (נ)

negenhonderd	tʃa me'ot	תְּשַׁע מֵאוֹת (נ)
duizend	'elef	אֶלֶף (ז)
tweeduizend	al'payim	אַלְפַּיִם (ז)
drieduizend	'ʃloʃet alafim	שְׁלוֹשֶׁת אֲלָפִים (ז)
tienduizend	a'seret alafim	עֲשֶׂרֶת אֲלָפִים (ז)
honderdduizend	'me'a 'elef	מֵאָה אֶלֶף (ז)
miljoen (het)	milyon	מִילְיוֹן (ז)
miljard (het)	milyard	מִילְיַארְד (ז)

6. Ordinale getallen

eerste (bn)	riʃon	רִאשׁוֹן
tweede (bn)	ʃeni	שֵׁנִי
derde (bn)	ʃliʃi	שְׁלִישִׁי
vierde (bn)	revi'i	רְבִיעִי
vijfde (bn)	χamiʃi	חֲמִישִׁי
zesde (bn)	ʃiʃi	שִׁישִׁי
zevende (bn)	ʃvi'i	שְׁבִיעִי
achtste (bn)	ʃmini	שְׁמִינִי
negende (bn)	tʃi'i	תְּשִׁיעִי
tiende (bn)	asiri	עֲשִׂירִי

7. Getallen. Breuken

breukgetal (het)	'ʃever	שֶׁבֶר (ז)
half	'χetsi	חֲצִי (ז)
een derde	ʃliʃ	שְׁלִישׁ (ז)
kwart	'reva	רֶבַע (ז)
een achtste	ʃminit	שְׁמִינִית (נ)
een tiende	asirit	עֲשִׂירִית (נ)
twee derde	ʃnei ʃliʃim	שְׁנֵי שְׁלִישִׁים (ז)
driekwart	'ʃloʃet riv'ei	שְׁלוֹשֶׁת רְבָעֵי

8. Getallen. Eenvoudige berekeningen

aftrekking (de)	χisur	חִיסוּר (ז)
aftrekken (ww)	leχaser	לְחַסֵּר
deling (de)	χiluk	חִילּוּק (ז)
delen (ww)	leχalek	לְחַלֵּק
optelling (de)	χibur	חִיבּוּר (ז)
erbij optellen	leχaber	לְחַבֵּר
(bij elkaar voegen)		
optellen (ww)	leχaber	לְחַבֵּר
vermenigvuldiging (de)	'kefel	כֶּפֶל (ז)
vermenigvuldigen (ww)	lehaχpil	לְהַכְפִּיל

9. Getallen. Diversen

cijfer (het)	sifra	סִפְרָה (נ)
nummer (het)	mispar	מִסְפָּר (ז)
telwoord (het)	ʃem mispar	שֵׁם מִסְפָּר (ז)
minteken (het)	'minus	מִינוּס (ז)
plusteken (het)	plus	פְּלוּס (ז)
formule (de)	nusχa	נוּסחָה (נ)
berekening (de)	χiʃuv	חִישׁוּב (ז)
tellen (ww)	lispor	לִספּוֹר
bijrekenen (ww)	leχaʃev	לְחַשֵׁב
vergelijken (ww)	lehaʃvot	לְהַשׁווֹת
Hoeveel?	'kama?	כַּמָה?
som (de), totaal (het)	sχum	סכוּם (ז)
uitkomst (de)	totsa'a	תוֹצָאָה (נ)
rest (de)	ʃe'erit	שְׁאֵרִית (נ)
enkele (bijv. ~ minuten)	'kama	כַּמָה
weinig (bw)	ktsat	קצָת
weinig (telb.)	me'at	מְעַט
een beetje (ontelb.)	me'at	מְעַט
restant (het)	ʃe'ar	שְׁאָר (ז)
anderhalf	eχad va'χetsi	אֶחָד וָחֵצִי (ז)
dozijn (het)	tresar	תרֵיסָר (ז)
middendoor (bw)	'χetsi 'χetsi	חֵצִי חֵצִי
even (bw)	ʃave beʃave	שָׁווֶה בְּשָׁווֶה
helft (de)	'χetsi	חֵצִי (ז)
keer (de)	'pa'am	פַּעַם (נ)

10. De belangrijkste werkwoorden. Deel 1

aanbevelen (ww)	lehamlits	לְהַמלִיץ
aandringen (ww)	lehit'akeʃ	לְהִתעַקֵשׁ
aankomen (per auto, enz.)	leha'gi'a	לְהַגִיעַ
aanraken (ww)	la'ga'at	לָגַעַת
adviseren (ww)	leya'ets	לְייַעֵץ
afdalen (on.ww.)	la'redet	לָרֶדֶת
afslaan (naar rechts ~)	lifnot	לִפנוֹת
antwoorden (ww)	la'anot	לַעֲנוֹת
bang zijn (ww)	lefaχed	לְפַחֵד
bedreigen	le'ayem	לְאַייֵם
(bijv. met een pistool)		
bedriegen (ww)	leramot	לְרַמוֹת
beëindigen (ww)	lesayem	לְסַייֵם
beginnen (ww)	lehatχil	לְהַתחִיל
begrijpen (ww)	lehavin	לְהָבִין
beheren (managen)	lenahel	לְנַהֵל
beledigen (ww)	leha'aliv	לְהַעֲלִיב
(met scheldwoorden)		

beloven (ww)	lehav'tiax	לְהַבְטִיחַ
bereiden (koken)	levaʃel	לְבַשֵׁל
bespreken (spreken over)	ladun	לָדוּן
bestellen (eten ~)	lehazmin	לְהַזְמִין
bestraffen (een stout kind ~)	leha'aniʃ	לְהַעֲנִישׁ
betalen (ww)	leʃalem	לְשַׁלֵּם
betekenen (beduiden)	lomar	לוֹמַר
betreuren (ww)	lehitsta'er	לְהִצְטַעֵר
bevallen (prettig vinden)	limtso xen be'ei'nayim	לִמְצֹא חֵן בְּעֵינַיִים
bevelen (mil.)	lifkod	לִפְקֹד
bevrijden (stad, enz.)	leʃaxrer	לְשַׁחְרֵר
bewaren (ww)	liʃmor	לִשְׁמוֹר
bezitten (ww)	lihyot 'ba'al ʃel	לִהְיוֹת בַּעַל שֶׁל
bidden (praten met God)	lehitpalel	לְהִתְפַּלֵּל
binnengaan (een kamer ~)	lehikanes	לְהִיכָּנֵס
breken (ww)	liʃbor	לִשְׁבּוֹר
controleren (ww)	liʃlot	לִשְׁלוֹט
creëren (ww)	litsor	לִיצוֹר
deelnemen (ww)	lehiʃtatef	לְהִשְׁתַּתֵּף
denken (ww)	laxʃov	לַחְשׁוֹב
doden (ww)	laharog	לַהֲרוֹג
doen (ww)	la'asot	לַעֲשׂוֹת
dorst hebben (ww)	lihyot tsame	לִהְיוֹת צָמֵא

11. De belangrijkste werkwoorden. Deel 2

een hint geven	lirmoz	לִרְמֹז
eisen (met klem vragen)	lidroʃ	לִדְרֹשׁ
excuseren (vergeven)	lis'loax	לִסְלֹחַ
existeren (bestaan)	lehitkayem	לְהִתְקַיֵּים
gaan (te voet)	la'lexet	לָלֶכֶת
gaan zitten (ww)	lehityaʃev	לְהִתְיַישֵׁב
gaan zwemmen	lehitraxets	לְהִתְרַחֵץ
geven (ww)	latet	לָתֵת
glimlachen (ww)	lexayex	לְחַיֵּיךְ
goed raden (ww)	lenaxeʃ	לְנַחֵשׁ
grappen maken (ww)	lehitba'deax	לְהִתְבַּדֵּחַ
graven (ww)	laxpor	לַחְפֹּר
hebben (ww)	lehaxzik	לְהַחְזִיק
helpen (ww)	la'azor	לַעֲזֹר
herhalen (opnieuw zeggen)	laxazor al	לַחֲזֹר עַל
honger hebben (ww)	lihyot ra'ev	לִהְיוֹת רָעֵב
hopen (ww)	lekavot	לְקַוּוֹת
horen (waarnemen met het oor)	liʃmo'a	לִשְׁמוֹעַ
huilen (wenen)	livkot	לִבְכּוֹת

huren (huis, kamer)	liskor	לִשְׂכּוֹר
informeren (informatie geven)	leho'dia	לְהוֹדִיעַ
instemmen (akkoord gaan)	lehaskim	לְהַסְכִּים
jagen (ww)	latsud	לָצוּד
kennen (kennis hebben van iemand)	lehakir et	לְהַכִּיר אֶת
kiezen (ww)	livxor	לִבְחוֹר
klagen (ww)	lehitlonen	לְהִתְלוֹנֵן
kosten (ww)	la'alot	לַעֲלוֹת
kunnen (ww)	yaxol	יָכוֹל
lachen (ww)	litsxok	לִצְחוֹק
laten vallen (ww)	lehapil	לְהַפִּיל
lezen (ww)	likro	לִקְרוֹא
liefhebben (ww)	le'ehov	לֶאֱהוֹב
lunchen (ww)	le'exol aruxat tsaha'rayim	לֶאֱכוֹל אֲרוּחַת צָהֳרַיִים
nemen (ww)	la'kaxat	לָקַחַת
nodig zijn (ww)	lehidaref	לְהִידָרֵשׁ

12. De belangrijkste werkwoorden. Deel 3

onderschatten (ww)	leham'it be''erex	לְהַמְעִיט בְּעֶרֶךְ
ondertekenen (ww)	laxtom	לַחְתּוֹם
ontbijten (ww)	le'exol aruxat 'boker	לֶאֱכוֹל אֲרוּחַת בּוֹקֶר
openen (ww)	lif'toax	לִפְתּוֹחַ
ophouden (ww)	lehafsik	לְהַפְסִיק
opmerken (zien)	lasim lev	לָשִׂים לֵב
opscheppen (ww)	lehitravrev	לְהִתְרַבְרֵב
opschrijven (ww)	lirfom	לִרְשׁוֹם
plannen (ww)	letaxnen	לְתַכְנֵן
prefereren (verkiezen)	leha'adif	לְהַעֲדִיף
proberen (trachten)	lenasot	לְנַסּוֹת
redden (ww)	lehatsil	לְהַצִּיל
rekenen op ...	lismox al	לִסְמוֹךְ עַל
rennen (ww)	laruts	לָרוּץ
reserveren (een hotelkamer ~)	lehazmin meraf	לְהַזְמִין מֵרֹאשׁ
roepen (om hulp)	likro	לִקְרוֹא
schieten (ww)	lirot	לִירוֹת
schreeuwen (ww)	lits'ok	לִצְעוֹק
schrijven (ww)	lixtov	לִכְתּוֹב
souperen (ww)	le'exol aruxat 'erev	לֶאֱכוֹל אֲרוּחַת עֶרֶב
spelen (kinderen)	lesaxek	לְשַׂחֵק
spreken (ww)	ledaber	לְדַבֵּר
stelen (ww)	lignov	לִגְנוֹב
stoppen (pauzeren)	la'atsor	לַעֲצוֹר
studeren (Nederlands ~)	lilmod	לִלְמוֹד
sturen (zenden)	lif'loax	לִשְׁלוֹחַ

tellen (optellen)	lispor	לִסְפּוֹר
toebehoren ...	lehiʃtayex	לְהִשְׁתַּיֵּךְ
toestaan (ww)	leharʃot	לְהַרְשׁוֹת
tonen (ww)	lehar'ot	לְהַרְאוֹת
twijfelen (onzeker zijn)	lefakpek	לְפַקְפֵּק
uitgaan (ww)	latset	לָצֵאת
uitnodigen (ww)	lehazmin	לְהַזְמִין
uitspreken (ww)	levate	לְבַטֵּא
uitvaren tegen (ww)	linzof	לִנְזוֹף

13. De belangrijkste werkwoorden. Deel 4

vallen (ww)	lipol	לִיפּוֹל
vangen (ww)	litfos	לִתְפּוֹס
veranderen (anders maken)	leʃanot	לְשַׁנּוֹת
verbaasd zijn (ww)	lehitpale	לְהִתְפַּלֵּא
verbergen (ww)	lehastir	לְהַסְתִּיר
verdedigen (je land ~)	lehagen	לְהָגֵן
verenigen (ww)	le'axed	לְאַחֵד
vergelijken (ww)	lehaʃvot	לְהַשְׁווֹת
vergeten (ww)	liʃ'koax	לִשְׁכּוֹחַ
vergeven (ww)	lis'loax	לִסְלוֹחַ
verklaren (uitleggen)	lehasbir	לְהַסְבִּיר
verkopen (per stuk ~)	limkor	לִמְכּוֹר
vermelden (praten over)	lehazkir	לְהַזְכִּיר
versieren (decoreren)	lekaʃet	לְקַשֵּׁט
vertalen (ww)	letargem	לְתַרְגֵּם
vertrouwen (ww)	liv'toax	לִבְטוֹחַ
vervolgen (ww)	lehamʃix	לְהַמְשִׁיךְ
verwarren (met elkaar ~)	lehitbalbel	לְהִתְבַּלְבֵּל
verzoeken (ww)	levakeʃ	לְבַקֵּשׁ
verzuimen (school, enz.)	lehaxsir	לְהַחְסִיר
vinden (ww)	limtso	לִמְצוֹא
vliegen (ww)	la'uf	לָעוּף
volgen (ww)	la'akov axarei	לַעֲקוֹב אַחֲרֵי
voorstellen (ww)	leha'tsi'a	לְהַצִּיעַ
voorzien (verwachten)	laxazot	לַחֲזוֹת
vragen (ww)	liʃ'ol	לִשְׁאוֹל
waarnemen (ww)	litspot, lehaʃkif	לִצְפּוֹת, לְהַשְׁקִיף
waarschuwen (ww)	lehazhir	לְהַזְהִיר
wachten (ww)	lehamtin	לְהַמְתִּין
weerspreken (ww)	lehitnaged	לְהִתְנַגֵּד
weigeren (ww)	lesarev	לְסָרֵב
werken (ww)	la'avod	לַעֲבוֹד
weten (ww)	la'da'at	לָדַעַת
willen (verlangen)	lirtsot	לִרְצוֹת
zeggen (ww)	lomar	לוֹמַר

zich haasten (ww)	lemaher	לְמַהֵר
zich interesseren voor ...	lehit'anyen be...	לְהִתְעַנְיֵין בְּ...
zich vergissen (ww)	lit'ot	לִטְעוֹת
zich verontschuldigen	lehitnatsel	לְהִתְנַצֵּל
zien (ww)	lir'ot	לִרְאוֹת
zijn (ww)	lihyot	לִהְיוֹת
zoeken (ww)	lexapes	לְחַפֵּשׂ
zwemmen (ww)	lisxot	לִשְׂחוֹת
zwijgen (ww)	liftok	לִשְׁתּוֹק

14. Kleuren

kleur (de)	'tseva	צֶבַע (ז)
tint (de)	gavan	גָּוֶון (ז)
kleurnuance (de)	gavan	גָּוֶון (ז)
regenboog (de)	'kefet	קֶשֶׁת (נ)
wit (bn)	lavan	לָבָן
zwart (bn)	faxor	שָׁחוֹר
grijs (bn)	afor	אָפוֹר
groen (bn)	yarok	יָרוֹק
geel (bn)	tsahov	צָהוֹב
rood (bn)	adom	אָדוֹם
blauw (bn)	kaxol	כָּחוֹל
lichtblauw (bn)	taxol	תְּכוֹל
roze (bn)	varod	וָרוֹד
oranje (bn)	katom	כָּתוֹם
violet (bn)	segol	סָגוֹל
bruin (bn)	xum	חוּם
goud (bn)	zahov	זָהוֹב
zilverkleurig (bn)	kasuf	כָּסוּף
beige (bn)	beʒ	בֶּז'
roomkleurig (bn)	be'tseva krem	בְּצֶבַע קְרֵם
turkoois (bn)	turkiz	טוּרְקִיז
kersrood (bn)	bordo	בּוֹרְדוֹ
lila (bn)	segol	סָגוֹל
karmijnrood (bn)	patol	פָּטוֹל
licht (bn)	bahir	בָּהִיר
donker (bn)	kehe	כֵּהֶה
fel (bn)	bohek	בּוֹהֵק
kleur-, kleurig (bn)	tsiv'oni	צִבְעוֹנִי
kleuren- (abn)	tsiv'oni	צִבְעוֹנִי
zwart-wit (un)	faxor lavan	שָׁחוֹר־לָבָן
eenkleurig (bn)	xad tsiv'i	חַד־צִבְעִי
veelkleurig (bn)	sasgoni	סַסְגּוֹנִי

15. Vragen

Wie?	mi?	מִי?
Wat?	ma?	מָה?
Waar?	'eifo?	אֵיפֹה?
Waarheen?	le'an?	לְאָן?
Waar ... vandaan?	me''eifo?	מֵאֵיפֹה?
Wanneer?	matai?	מָתַי?
Waarom?	'lama?	לָמָה?
Waarom?	ma'du'a?	מַדּוּעַ?
Waarvoor dan ook?	biʃvil ma?	בִּשְׁבִיל מָה?
Hoe?	eiχ, keitsad?	כֵּיצַד? אֵיךְ?
Wat voor ...?	'eize?	אֵיזֶה?
Welk?	'eize?	אֵיזֶה?
Aan wie?	lemi?	לְמִי?
Over wie?	al mi?	עַל מִי?
Waarover?	al ma?	עַל מָה?
Met wie?	im mi?	עִם מִי?
Hoeveel?	'kama?	כַּמָה?
Van wie?	ʃel mi?	שֶׁל מִי?

16. Voorzetsels

met (bijv. ~ beleg)	im	עִם
zonder (~ accent)	bli, lelo	בְּלִי, לְלֹא
naar (in de richting van)	le...	לְ...
over (praten ~)	al	עַל
voor (in tijd)	lifnei	לִפְנֵי
voor (aan de voorkant)	lifnei	לִפְנֵי
onder (lager dan)	mi'taχat le...	מִתַּחַת לְ...
boven (hoger dan)	me'al	מֵעַל
op (bovenop)	al	עַל
van (uit, afkomstig van)	mi, me	מִ, מְ
van (gemaakt van)	mi, me	מִ, מְ
over (bijv. ~ een uur)	toχ	תּוֹךְ
over (over de bovenkant)	'dereχ	דֶּרֶךְ

17. Functiewoorden. Bijwoorden. Deel 1

Waar?	'eifo?	אֵיפֹה?
hier (bw)	po, kan	פֹּה, כָּאן
daar (bw)	ʃam	שָׁם
ergens (bw)	'eifo ʃehu	אֵיפֹה שֶׁהוּא
nergens (bw)	beʃum makom	בְּשׁוּם מָקוֹם
bij ... (in de buurt)	leyad ...	לְיַד ...

bij het raam	leyad haχalon	לְיַד הַחַלּוֹן
Waarheen?	le'an?	לְאָן?
hierheen (bw)	'hena, lekan	הֵנָה; לְכָאן
daarheen (bw)	leʃam	לְשָׁם
hiervandaan (bw)	mikan	מִכָּאן
daarvandaan (bw)	miʃam	מִשָּׁם
dichtbij (bw)	karov	קָרוֹב
ver (bw)	raχok	רָחוֹק
in de buurt (van …)	leyad	לְיַד
vlakbij (bw)	karov	קָרוֹב
niet ver (bw)	lo raχok	לֹא רָחוֹק
linker (bn)	smali	שְׂמָאלִי
links (bw)	mismol	מִשְּׂמֹאל
linksaf, naar links (bw)	'smola	שְׂמֹאלָה
rechter (bn)	yemani	יְמָנִי
rechts (bw)	miyamin	מִיָּמִין
rechtsaf, naar rechts (bw)	ya'mina	יָמִינָה
vooraan (bw)	mika'dima	מִקְדִּימָה
voorste (bn)	kidmi	קִדְמִי
vooruit (bw)	ka'dima	קָדִימָה
achter (bw)	me'aχor	מֵאָחוֹר
van achteren (bw)	me'aχor	מֵאָחוֹר
achteruit (naar achteren)	a'χora	אָחוֹרָה
midden (het)	'emtsa	אֶמְצַע (ז)
in het midden (bw)	ba''emtsa	בָּאֶמְצַע
opzij (bw)	mehatsad	מֵהַצַּד
overal (bw)	beχol makom	בְּכָל מָקוֹם
omheen (bw)	misaviv	מִסָּבִיב
binnenuit (bw)	mibifnim	מִבִּפְנִים
naar ergens (bw)	le'an ʃehu	לְאָן שֶׁהוּא
rechtdoor (bw)	yaʃar	יָשָׁר
terug (bijv. ~ komen)	baχazara	בַּחֲזָרָה
ergens vandaan (bw)	me'ei ʃam	מֵאֵי שָׁם
ergens vandaan (en dit geld moet ~ komen)	me'ei ʃam	מֵאֵי שָׁם
ten eerste (bw)	reʃit	רֵאשִׁית
ten tweede (bw)	ʃenit	שֵׁנִית
ten derde (bw)	ʃliʃit	שְׁלִישִׁית
plotseling (bw)	pit'om	פִּתְאוֹם
in het begin (bw)	behatslaχa	בַּהַתְחָלָה
voor de eerste keer (bw)	lariʃona	לָרִאשׁוֹנָה
lang voor … (vw)	zman rav lifnei …	זְמַן רַב לִפְנֵי …
opnieuw (bw)	meχadaʃ	מֵחָדָשׁ
voor eeuwig (bw)	letamid	לְתָמִיד

nooit (bw)	af 'pa'am, me'olam	מֵעוֹלָם, אַף פַּעַם
weer (bw)	ʃuv	שׁוּב
nu (bw)	axʃav, ka'et	עַכְשָׁיו, כָּעֵת
vaak (bw)	le'itim krovot	לְעִיתִּים קְרוֹבוֹת
toen (bw)	az	אָז
urgent (bw)	bidxifut	בִּדְחִיפוּת
meestal (bw)	be'derex klal	בְּדֶרֶךְ כְּלָל
trouwens, ... (tussen haakjes)	'derex 'agav	דֶּרֶךְ אַגַּב
mogelijk (bw)	efʃari	אֶפְשָׁרִי
waarschijnlijk (bw)	kanir'e	כַּנִּרְאֶה
misschien (bw)	ulai	אוּלַי
trouwens (bw)	xuts mize ...	חוּץ מִזֶּה ...
daarom ...	laxen	לָכֵן
in weerwil van ...	lamrot ...	לַמְרוֹת ...
dankzij ...	hodot le...	הוֹדוֹת לְ...
wat (vn)	ma	מָה
dat (vw)	ʃe	שֶׁ
iets (vn)	'maʃehu	מַשֶּׁהוּ
iets (vn)	'maʃehu	מַשֶּׁהוּ
niets (vn)	klum	כְּלוּם
wie (~ is daar?)	mi	מִי
iemand (een onbekende)	'miʃehu, 'miʃehi	מִישֶׁהוּ (ז), מִישֶׁהִי (נ)
iemand (een bepaald persoon)	'miʃehu, 'miʃehi	מִישֶׁהוּ (ז), מִישֶׁהִי (נ)
niemand (vn)	af exad, af axat	אַף אֶחָד (ז), אַף אַחַת (נ)
nergens (bw)	leʃum makom	לְשׁוּם מָקוֹם
niemands (bn)	lo ʃayax le'af exad	לֹא שַׁיָּךְ לְאַף אֶחָד
iemands (bn)	ʃel 'miʃehu	שֶׁל מִישֶׁהוּ
zo (Ik ben ~ blij)	kol kax	כָּל־כָּךְ
ook (evenals)	gam	גַּם
alsook (eveneens)	gam	גַּם

18. Functiewoorden. Bijwoorden. Deel 2

Waarom?	ma'du'a?	מַדּוּעַ?
om een bepaalde reden	miʃum ma	מִשּׁוּם־מָה
omdat ...	miʃum ʃe	מִשּׁוּם שֶׁ
voor een bepaald doel	lematara 'kolʃehi	לְמַטָּרָה כָּלְשֶׁהִי
en (vw)	ve ...	ןְ ...
of (vw)	o	אוֹ
maar (vw)	aval, ulam	אֲבָל, אוּלָם
voor (vz)	biʃvil	בִּשְׁבִיל
te (~ veel mensen)	yoter midai	יוֹתֵר מִדַּי
alleen (bw)	rak	רַק
precies (bw)	bediyuk	בְּדִיּוּק
ongeveer (~ 10 kg)	be''erex	בְּעֵרֶךְ

omstreeks (bw)	be"erex	בְּעֵרֶךְ
bij benadering (bn)	meʃo'ar	מְשׁוֹעָר
bijna (bw)	kim'at	כִּמְעַט
rest (de)	ʃe'ar	שְׁאָר (ז)
de andere (tweede)	axer	אַחֵר
ander (bn)	axer	אַחֵר
elk (bn)	kol	כֹּל
om het even welk	kolʃehu	כָּלְשֶׁהוּ
veel (grote hoeveelheid)	harbe	הַרְבֵּה
veel mensen	harbe	הַרְבֵּה
iedereen (alle personen)	kulam	כּוּלָם
in ruil voor ...	tmurat ...	תְּמוּרַת ...
in ruil (bw)	bitmura	בִּתְמוּרָה
met de hand (bw)	bayad	בַּיָד
onwaarschijnlijk (bw)	safek im	סָפֵק אִם
waarschijnlijk (bw)	karov levadai	קָרוֹב לְוַודַאי
met opzet (bw)	'davka	דַּווקָא
toevallig (bw)	bemikre	בְּמִקְרֶה
zeer (bw)	me'od	מְאוֹד
bijvoorbeeld (bw)	lemaʃal	לְמָשָׁל
tussen (~ twee steden)	bein	בֵּין
tussen (te midden van)	be'kerev	בְּקֶרֶב
zoveel (bw)	kol kax harbe	כָּל־כָּךְ הַרְבֵּה
vooral (bw)	bimyuxad	בְּמְיוּחָד

Basisbegrippen Deel 2

19. Dagen van de week

maandag (de)	yom ʃeni	יוֹם שֵׁנִי (ז)
dinsdag (de)	yom ʃliʃi	יוֹם שְׁלִישִׁי (ז)
woensdag (de)	yom revi'i	יוֹם רְבִיעִי (ז)
donderdag (de)	yom xamiʃi	יוֹם חֲמִישִׁי (ז)
vrijdag (de)	yom ʃiʃi	יוֹם שִׁישִׁי (ז)
zaterdag (de)	ʃabat	שַׁבָּת (נ)
zondag (de)	yom riʃon	יוֹם רִאשׁוֹן (ז)
vandaag (bw)	hayom	הַיוֹם
morgen (bw)	maxar	מָחָר
overmorgen (bw)	maxara'tayim	מָחֳרָתַיִים
gisteren (bw)	etmol	אֶתְמוֹל
eergisteren (bw)	ʃilʃom	שִׁלְשׁוֹם
dag (de)	yom	יוֹם (ז)
werkdag (de)	yom avoda	יוֹם עֲבוֹדָה (ז)
feestdag (de)	yom xag	יוֹם חַג (ז)
verlofdag (de)	yom menuxa	יוֹם מְנוּחָה (ז)
weekend (het)	sof ʃa'vu'a	סוֹף שָׁבוּעַ
de hele dag (bw)	kol hayom	כָּל הַיוֹם
de volgende dag (bw)	lamaxarat	לַמָחֳרָת
twee dagen geleden	lifnei yo'mayim	לִפְנֵי יוֹמַיִים
aan de vooravond (bw)	'erev	עֶרֶב
dag-, dagelijks (bn)	yomyomi	יוֹמיוֹמִי
elke dag (bw)	midei yom	מִדֵי יוֹם
week (de)	ʃa'vua	שָׁבוּעַ (ז)
vorige week (bw)	baʃa'vu'a ʃe'avar	בַּשָׁבוּעַ שֶׁעָבַר
volgende week (bw)	baʃa'vu'a haba	בַּשָׁבוּעַ הַבָּא
wekelijks (bn)	ʃvu'i	שְׁבוּעִי
elke week (bw)	kol ʃa'vu'a	כָּל שָׁבוּעַ
twee keer per week	pa'a'mayim beʃa'vu'a	פַּעֲמַיִים בְּשָׁבוּעַ
elke dinsdag	kol yom ʃliʃi	כָּל יוֹם שְׁלִישִׁי

20. Uren. Dag en nacht

morgen (de)	'boker	בּוֹקֶר (ז)
's morgens (bw)	ba'boker	בַּבּוֹקֶר
middag (de)	tsaha'rayim	צָהֳרַיִים (ז״ר)
's middags (bw)	axar hatsaha'rayim	אַחַר הַצָהֳרַיִים
avond (de)	'erev	עֶרֶב (ז)
's avonds (bw)	ba''erev	בָּעֶרֶב

nacht (de)	'laila	לַיְלָה (ז)
's nachts (bw)	ba'laila	בַּלַיְלָה
middernacht (de)	xatsot	חֲצוֹת (נ)
seconde (de)	ʃniya	שְׁנִיָה (נ)
minuut (de)	daka	דַקָה (נ)
uur (het)	ʃa'a	שָׁעָה (נ)
halfuur (het)	xatsi ʃa'a	חֲצִי שָׁעָה (נ)
kwartier (het)	'reva ʃa'a	רֶבַע שָׁעָה (ז)
vijftien minuten	xameʃ esre dakot	חָמֵשׁ עֶשׂרֵה דַקוֹת
etmaal (het)	yemama	יְמָמָה (נ)
zonsopgang (de)	zrixa	זְרִיחָה (נ)
dageraad (de)	ʃaxar	שַׁחַר (ז)
vroege morgen (de)	ʃaxar	שַׁחַר (ז)
zonsondergang (de)	ʃki'a	שְׁקִיעָה (נ)
's morgens vroeg (bw)	mukdam ba'boker	מוּקדָם בַּבּוֹקֶר
vanmorgen (bw)	ha'boker	הַבּוֹקֶר
morgenochtend (bw)	maxar ba'boker	מָחָר בַּבּוֹקֶר
vanmiddag (bw)	hayom axarei hatsaha'rayim	הַיוֹם אַחֲרֵי הַצָהֳרַיִים
's middags (bw)	axar hatsaha'rayim	אַחַר הַצָהֳרַיִים
morgenmiddag (bw)	maxar axarei hatsaha'rayim	מָחָר אַחֲרֵי הַצָהֳרַיִים
vanavond (bw)	ha''erev	הָעֶרֶב
morgenavond (bw)	maxar ba''erev	מָחָר בָּעֶרֶב
klokslag drie uur	baʃa'a ʃaloʃ bediyuk	בְּשָׁעָה שָׁלוֹשׁ בְּדִיוּק
ongeveer vier uur	bisvivot arba	בִּסבִיבוֹת אַרבַּע
tegen twaalf uur	ad ʃteim esre	עַד שתֵים־עֶשׂרֵה
over twintig minuten	be'od esrim dakot	בְּעוֹד עֶשׂרִים דַקוֹת
over een uur	be'od ʃa'a	בְּעוֹד שָׁעָה
op tijd (bw)	bazman	בַּזמַן
kwart voor ...	'reva le...	רֶבַע ל...
binnen een uur	tox ʃa'a	תוֹך שָׁעָה
elk kwartier	kol 'reva ʃa'a	כָּל רֶבַע שָׁעָה
de klok rond	misaviv laʃa'on	מִסָבִיב לַשָׁעוֹן

21. Maanden. Seizoenen

januari (de)	'yanu'ar	יָנוּאָר (ז)
februari (de)	'febru'ar	פֶבּרוּאָר (ז)
maart (de)	merts	מֶרץ (ז)
april (de)	april	אַפּרִיל (ז)
mei (de)	mai	מַאי (ז)
juni (de)	'yuni	יוּנִי (ז)
juli (de)	'yuli	יוּלִי (ז)
augustus (de)	'ogust	אוֹגוּסט (ז)
september (de)	sep'tember	סֶפּטֶמבֶּר (ז)
oktober (de)	ok'tober	אוֹקטוֹבֶּר (ז)

november (de)	no'vember	נוֹבֶמְבֶּר (ז)
december (de)	de'tsember	דֶּצֶמְבֶּר (ז)
lente (de)	aviv	אָבִיב (ז)
in de lente (bw)	ba'aviv	בָּאָבִיב
lente- (abn)	avivi	אֲבִיבִי
zomer (de)	'kayits	קַיִץ (ז)
in de zomer (bw)	ba'kayits	בַּקַיִץ
zomer-, zomers (bn)	ketsi	קֵיצִי
herfst (de)	stav	סְתָיו (ז)
in de herfst (bw)	bestav	בַּסְתָיו
herfst- (abn)	stavi	סְתָוִוי
winter (de)	'χoref	חוֹרֶף (ז)
in de winter (bw)	ba'χoref	בַּחוֹרֶף
winter- (abn)	χorpi	חוֹרְפִּי
maand (de)	'χodeʃ	חוֹדֶשׁ (ז)
deze maand (bw)	ha'χodeʃ	הַחוֹדֶשׁ
volgende maand (bw)	ba'χodeʃ haba	בַּחוֹדֶשׁ הַבָּא
vorige maand (bw)	ba'χodeʃ ʃe'avar	בַּחוֹדֶשׁ שֶׁעָבַר
een maand geleden (bw)	lifnei 'χodeʃ	לִפְנֵי חוֹדֶשׁ
over een maand (bw)	be'od 'χodeʃ	בְּעוֹד חוֹדֶשׁ
over twee maanden (bw)	be'od χod'ʃayim	בְּעוֹד חוֹדְשַׁיִים
de hele maand (bw)	kol ha'χodeʃ	כָּל הַחוֹדֶשׁ
een volle maand (bw)	kol ha'χodeʃ	כָּל הַחוֹדֶשׁ
maand-, maandelijks (bn)	χodʃi	חוֹדְשִׁי
maandelijks (bw)	χodʃit	חוֹדְשִׁית
elke maand (bw)	kol 'χodeʃ	כָּל חוֹדֶשׁ
twee keer per maand	pa'a'mayim be'χodeʃ	פַּעֲמַיִים בְּחוֹדֶשׁ
jaar (het)	ʃana	שָׁנָה (נ)
dit jaar (bw)	haʃana	הַשָּׁנָה
volgend jaar (bw)	baʃana haba'a	בַּשָּׁנָה הַבָּאָה
vorig jaar (bw)	baʃana ʃe'avra	בַּשָּׁנָה שֶׁעָבְרָה
een jaar geleden (bw)	lifnei ʃana	לִפְנֵי שָׁנָה
over een jaar	be'od ʃana	בְּעוֹד שָׁנָה
over twee jaar	be'od ʃna'tayim	בְּעוֹד שְׁנָתַיִים
het hele jaar	kol haʃana	כָּל הַשָּׁנָה
een vol jaar	kol haʃana	כָּל הַשָּׁנָה
elk jaar	kol ʃana	כָּל שָׁנָה
jaar-, jaarlijks (bn)	ʃnati	שְׁנָתִי
jaarlijks (bw)	midei ʃana	מִדֵּי שָׁנָה
4 keer per jaar	arba pa'amim be'χodeʃ	אַרְבַּע פְּעָמִים בְּחוֹדֶשׁ
datum (de)	ta'ariχ	תַּאֲרִיךְ (ז)
datum (de)	ta'ariχ	תַּאֲרִיךְ (ז)
kalender (de)	'luaχ ʃana	לוּחַ שָׁנָה (ז)
een half jaar	χatsi ʃana	חֲצִי שָׁנָה (ז)
zes maanden	ʃiʃa χodaʃim, χatsi ʃana	חֲצִי שָׁנָה, שִׁישָׁה חוֹדָשִׁים

seizoen (bijv. lente, zomer)	ona	עוֹנָה (נ)
eeuw (de)	'me'a	מֵאָה (נ)

22. Meeteenheden

gewicht (het)	miʃkal	מִשְׁקָל (ז)
lengte (de)	'orex	אוֹרֶךְ (ז)
breedte (de)	'roxav	רוֹחַב (ז)
hoogte (de)	'gova	גוֹבַהּ (ז)
diepte (de)	'omek	עוֹמֶק (ז)
volume (het)	'nefax	נֶפַח (ז)
oppervlakte (de)	'ʃetax	שֶׁטַח (ז)
gram (het)	gram	גְרָם (ז)
milligram (het)	miligram	מִילִיגְרָם (ז)
kilogram (het)	kilogram	קִילוֹגְרָם (ז)
ton (duizend kilo)	ton	טוֹן (ז)
pond (het)	'pa'und	פָּאוּנְד (ז)
ons (het)	'unkiya	אוּנְקִיָה (נ)
meter (de)	'meter	מֶטֶר (ז)
millimeter (de)	mili'meter	מִילִימֶטֶר (ז)
centimeter (de)	senti'meter	סָנְטִימֶטֶר (ז)
kilometer (de)	kilo'meter	קִילוֹמֶטֶר (ז)
mijl (de)	mail	מַייל (ז)
duim (de)	intʃ	אִינְץ' (ז)
voet (de)	'regel	רֶגֶל (נ)
yard (de)	yard	יַרְד (ז)
vierkante meter (de)	'meter ra'vu'a	מֶטֶר רָבוּעַ (ז)
hectare (de)	hektar	הֶקְטָר (ז)
liter (de)	litr	לִיטֶר (ז)
graad (de)	ma'ala	מַעֲלָה (נ)
volt (de)	volt	ווֹלְט (ז)
ampère (de)	amper	אַמְפֶּר (ז)
paardenkracht (de)	'koax sus	כּוֹחַ סוּס (ז)
hoeveelheid (de)	kamut	כַּמוּת (נ)
een beetje ...	ktsat ...	קְצָת ...
helft (de)	'xetsi	חֲצִי (ז)
dozijn (het)	tresar	תְרֵיסָר (ז)
stuk (het)	yexida	יְחִידָה (נ)
afmeting (de)	'godel	גוֹדֶל (ז)
schaal (bijv. ~ van 1 op 50)	kne mida	קְנֵה מִידָה (ז)
minimaal (bn)	mini'mali	מִינִימָאלִי
minste (bn)	hakatan beyoter	הַקָטָן בְּיוֹתֵר
medium (bn)	memutsa	מְמוּצָע
maximaal (bn)	maksi'mali	מַקְסִימָלִי
grootste (bn)	hagadol beyoter	הַגָדוֹל בְּיוֹתֵר

23. Containers

Nederlands	Transliteratie	Hebreeuws
glazen pot (de)	tsin'tsenet	צִנְצֶנֶת (נ)
blik (conserven~)	paxit	פַּחִית (נ)
emmer (de)	dli	דְּלִי (ז)
ton (bijv. regenton)	xavit	חָבִית (נ)
ronde waterbak (de)	gigit	גִּיגִית (נ)
tank (bijv. watertank-70-ltr)	meixal	מֵיכָל (ז)
heupfles (de)	meimiya	מֵימִיָּה (נ)
jerrycan (de)	'dʒerikan	גֶ'רִיקָן (ז)
tank (bijv. ketelwagen)	mexalit	מֵיכָלִית (נ)
beker (de)	'sefel	סֵפֶל (ז)
kopje (het)	'sefel	סֵפֶל (ז)
schoteltje (het)	taxtit	תַּחְתִּית (נ)
glas (het)	kos	כּוֹס (נ)
wijnglas (het)	ga'vi'a	גָּבִיעַ (ז)
steelpan (de)	sir	סִיר (ז)
fles (de)	bakbuk	בַּקְבּוּק (ז)
flessenhals (de)	tsavar habakbuk	צַוָּאר הַבַּקְבּוּק (ז)
karaf (de)	kad	כַּד (ז)
kruik (de)	kankan	קַנְקָן (ז)
vat (het)	kli	כְּלִי (ז)
pot (de)	sir 'xeres	סִיר חֶרֶס (ז)
vaas (de)	agartal	אֲגַרְטָל (ז)
flacon (de)	tsloxit	צְלוֹחִית (נ)
flesje (het)	bakbukon	בַּקְבּוּקוֹן (ז)
tube (bijv. ~ tandpasta)	ʃfo'feret	שְׁפוֹפֶרֶת (נ)
zak (bijv. ~ aardappelen)	sak	שַׂק (ז)
tasje (het)	sakit	שַׂקִּית (נ)
pakje (~ sigaretten, enz.)	xafisa	חֲפִיסָה (נ)
doos (de)	kufsa	קוּפְסָה (נ)
kist (de)	argaz	אַרְגָּז (ז)
mand (de)	sal	סַל (ז)

MENS

Mens. Het lichaam

24. Hoofd

Nederlands	Transliteratie	Hebreeuws
hoofd (het)	roʃ	ראש (ז)
gezicht (het)	panim	פָּנִים (ז״ר)
neus (de)	af	אַף (ז)
mond (de)	pe	פֶּה (ז)
oog (het)	'ayin	עַיִן (נ)
ogen (mv.)	ei'nayim	עֵינַיִים (נ״ר)
pupil (de)	iʃon	אִישׁוֹן (ז)
wenkbrauw (de)	gaba	גַּבָּה (נ)
wimper (de)	ris	רִיס (ז)
ooglid (het)	af'af	עַפְעַף (ז)
tong (de)	laʃon	לָשׁוֹן (נ)
tand (de)	ʃen	שֵׁן (נ)
lippen (mv.)	sfa'tayim	שְׂפָתַיִים (נ״ר)
jukbeenderen (mv.)	atsamot leχa'yayim	עַצְמוֹת לְחָיַיִם (נ״ר)
tandvlees (het)	χani'χayim	חֲנִיכַיִים (ז״ר)
gehemelte (het)	χeχ	חֵך (ז)
neusgaten (mv.)	neχi'rayim	נְחִירַיִים (ז״ר)
kin (de)	santer	סַנְטֵר (ז)
kaak (de)	'leset	לֶסֶת (נ)
wang (de)	'leχi	לֶחִי (נ)
voorhoofd (het)	'metsaχ	מֵצַח (ז)
slaap (de)	raka	רַקָּה (נ)
oor (het)	'ozen	אוֹזֶן (נ)
achterhoofd (het)	'oref	עוֹרֶף (ז)
hals (de)	tsavar	צַוָּאר (ז)
keel (de)	garon	גָּרוֹן (ז)
haren (mv.)	se'ar	שֵׂיעָר (ז)
kapsel (het)	tis'roket	תִּסְרוֹקֶת (נ)
haarsnit (de)	tis'poret	תִּסְפּוֹרֶת (נ)
pruik (de)	pe'a	פֵּאָה (נ)
snor (de)	safam	שָׂפָם (ז)
baard (de)	zakan	זָקָן (ז)
dragen (een baard, enz.)	legadel	לְגַדֵּל
vlecht (de)	tsama	צַמָּה (נ)
bakkebaarden (mv.)	pe'ot leχa'yayim	פֵּאוֹת לְחָיַיִם (נ״ר)
ros (roodachtig, rossig)	'dʒindʒi	ג׳ינג׳י
grijs (~ haar)	kasuf	כָּסוּף

kaal (bn)	ke'reax	קֵירֵחַ
kale plek (de)	ka'raxat	קָרַחַת (נ)
paardenstaart (de)	'kuku	קוּקוּ (ז)
pony (de)	'poni	פּוֹנִי (ז)

25. Menselijk lichaam

hand (de)	kaf yad	כַּף יָד (נ)
arm (de)	yad	יָד (נ)
vinger (de)	'etsba	אֶצבַּע (נ)
teen (de)	'bohen	בּוֹהֶן (נ)
duim (de)	agudal	אֲגוּדָל (ז)
pink (de)	'zeret	זֶרֶת (נ)
nagel (de)	tsi'poren	צִיפּוֹרֶן (נ)
vuist (de)	egrof	אֶגרוֹף (ז)
handpalm (de)	kaf yad	כַּף יָד (נ)
pols (de)	'ʃoreʃ kaf hayad	שׁוֹרֶשׁ כַּף הַיָד (ז)
voorarm (de)	ama	אַמָה (נ)
elleboog (de)	marpek	מַרפֵּק (ז)
schouder (de)	katef	כָּתֵף (נ)
been (rechter ~)	'regel	רֶגֶל (נ)
voet (de)	kaf 'regel	כַּף רֶגֶל (נ)
knie (de)	'berex	בֶּרֶך (נ)
kuit (de)	ʃok	שׁוֹק (ז)
heup (de)	yarex	יָרֵך (ז)
hiel (de)	akev	עָקֵב (ז)
lichaam (het)	guf	גוּף (ז)
buik (de)	'beten	בֶּטֶן (נ)
borst (de)	xaze	חָזֶה (ז)
borst (de)	ʃad	שַׁד (ז)
zijde (de)	tsad	צַד (ז)
rug (de)	gav	גַב (ז)
lage rug (de)	mot'nayim	מוֹתנַיִים (ז"ר)
taille (de)	'talya	טַליָה (נ)
navel (de)	tabur	טַבּוּר (ז)
billen (mv.)	axo'rayim	אֲחוֹרַיִים (ז"ר)
achterwerk (het)	yaʃvan	יַשׁבָן (ז)
huidvlek (de)	nekudat xen	נְקוּדַת חֵן (נ)
moedervlek (de)	'ketem leida	כֶּתֶם לֵידָה (ז)
tatoeage (de)	ka'a'ku'a	קַעֲקוּעַ (ז)
litteken (het)	tsa'leket	צַלֶקֶת (נ)

Kleding en accessoires

26. Bovenkleding. Jassen

kleren (mv.), kleding (de)	bgadim	בְּגָדִים (ז״ר)
bovenkleding (de)	levuʃ elyon	לְבוּשׁ עֶלְיוֹן (ז)
winterkleding (de)	bigdei 'xoref	בִּגְדֵי חוֹרֶף (ז״ר)
jas (de)	me'il	מְעִיל (ז)
bontjas (de)	me'il parva	מְעִיל פַּרְוָה (ז)
bontjasje (het)	me'il parva katsar	מְעִיל פַּרְוָה קָצָר (ז)
donzen jas (de)	me'il pux	מְעִיל פּוּךְ (ז)
jasje (bijv. een leren ~)	me'il katsar	מְעִיל קָצָר (ז)
regenjas (de)	me'il 'geʃem	מְעִיל גֶּשֶׁם (ז)
waterdicht (bn)	amid be'mayim	עָמִיד בְּמַיִם

27. Heren & dames kleding

overhemd (het)	xultsa	חוּלְצָה (נ)
broek (de)	mixna'sayim	מִכְנָסַיִים (ז״ר)
jeans (de)	mixnesei 'dʒins	מִכְנְסֵי גִּ'ינְס (ז״ר)
colbert (de)	ʒaket	ז׳קֵט (ז)
kostuum (het)	xalifa	חֲלִיפָה (נ)
jurk (de)	simla	שִׂמְלָה (נ)
rok (de)	xatsa'it	חֲצָאִית (נ)
blouse (de)	xultsa	חוּלְצָה (נ)
wollen vest (de)	ʒaket 'tsemer	ז׳קֵט צֶמֶר (ז)
blazer (kort jasje)	ʒaket	ז׳קֵט (ז)
T-shirt (het)	ti ʃert	טִי שֵׁרְט (ז)
shorts (mv.)	mixna'sayim ktsarim	מִכְנָסַיִים קְצָרִים (ז״ר)
trainingspak (het)	'trening	טְרֶנִינְג (ז)
badjas (de)	xaluk raxatsa	חָלוּק רַחֲצָה (ז)
pyjama (de)	pi'dʒama	פִּיגָ'מָה (נ)
sweater (de)	'sveder	סְוֶדֶר (ז)
pullover (de)	afuda	אֲפוּדָה (נ)
gilet (het)	vest	וֶסְט (ז)
rokkostuum (het)	frak	פְרָאק (ז)
smoking (de)	tuk'sido	טוּקְסִידוֹ (ז)
uniform (het)	madim	מַדִים (ז״ר)
werkkleding (de)	bigdei avoda	בִּגְדֵי עֲבוֹדָה (ז״ר)
overall (de)	sarbal	סַרְבָּל (ז)
doktersjas (de)	xaluk	חָלוּק (ז)

28. Kleding. Ondergoed

ondergoed (het)	levanim	לְבָנִים (ז״ר)
herenslip (de)	taxtonim	תַחְתוֹנִים (ז״ר)
slipjes (mv.)	taxtonim	תַחְתוֹנִים (ז״ר)
onderhemd (het)	gufiya	גוּפִיָה (נ)
sokken (mv.)	gar'bayim	גַרְבַּיִם (ז״ר)
nachthemd (het)	'ktonet 'laila	כְּתוֹנֶת לַיְלָה (נ)
beha (de)	xaziya	חֲזִיָה (נ)
kniekousen (mv.)	birkon	בִּרְכּוֹן (ז)
panty (de)	garbonim	גַרְבּוֹנִים (ז״ר)
nylonkousen (mv.)	garbei 'nailon	גַרְבֵּי נַיְלוֹן (ז״ר)
badpak (het)	'beged yam	בֶּגֶד יָם (ז)

29. Hoofddeksels

hoed (de)	'kova	כּוֹבַע (ז)
deukhoed (de)	'kova 'leved	כּוֹבַע לֶבֶד (ז)
honkbalpet (de)	'kova 'beisbol	כּוֹבַע בֵּייסְבּוֹל (ז)
kleppet (de)	'kova mitsxiya	כּוֹבַע מִצְחִיָה (ז)
baret (de)	baret	בֶּרֶט (ז)
kap (de)	bardas	בַּרְדָס (ז)
panamahoed (de)	'kova 'tembel	כּוֹבַע טֶמְבֶּל (ז)
gebreide muts (de)	'kova 'gerev	כּוֹבַע גֶרֶב (ז)
hoofddoek (de)	mit'paxat	מִטְפַּחַת (נ)
dameshoed (de)	'kova	כּוֹבַע (ז)
veiligheidshelm (de)	kasda	קַסְדָה (נ)
veldmuts (de)	kumta	כּוּמְתָה (נ)
helm, valhelm (de)	kasda	קַסְדָה (נ)
bolhoed (de)	mig'ba'at me'u'gelet	מִגְבַּעַת מְעוּגֶלֶת (נ)
hoge hoed (de)	tsi'linder	צִילִינְדֶר (ז)

30. Schoeisel

schoeisel (het)	han'ala	הַנְעָלָה (נ)
schoenen (mv.)	na'a'layim	נַעֲלַיִים (נ״ר)
vrouwenschoenen (mv.)	na'a'layim	נַעֲלַיִים (נ״ר)
laarzen (mv.)	maga'fayim	מַגָפַיִים (ז״ר)
pantoffels (mv.)	na'alei 'bayit	נַעֲלֵי בַּיִת (נ״ר)
sportschoenen (mv.)	na'alei sport	נַעֲלֵי סְפּוֹרְט (נ״ר)
sneakers (mv.)	na'alei sport	נַעֲלֵי סְפּוֹרְט (נ״ר)
sandalen (mv.)	sandalim	סַנְדָלִים (ז״ר)
schoenlapper (de)	sandlar	סַנְדְלָר (ז)
hiel (de)	akev	עָקֵב (ז)

paar (een ~ schoenen)	zug	זוּג (ז)
veter (de)	sroχ	שְׂרוֹךְ (ז)
rijgen (schoenen ~)	lisroχ	לִשְׂרוֹךְ
schoenlepel (de)	kaf na'a'layim	כַּף נַעֲלַיִים (נ)
schoensmeer (de/het)	miʃχat na'a'layim	מִשְׁחַת נַעֲלַיִים (נ)

31. Persoonlijke accessoires

handschoenen (mv.)	kfafot	כְּפָפוֹת (נ״ר)
wanten (mv.)	kfafot	כְּפָפוֹת (נ״ר)
sjaal (fleece ~)	tsa'if	צָעִיף (ז)
bril (de)	miʃka'fayim	מִשְׁקָפַיִים (ז״ר)
brilmontuur (het)	mis'geret	מִסגֶרֶת (נ)
paraplu (de)	mitriya	מִטרִייָה (נ)
wandelstok (de)	makel haliχa	מַקֵל הֲלִיכָה (ז)
haarborstel (de)	miv'reʃet se'ar	מִברֶשֶׁת שֵׂיעָר (נ)
waaier (de)	menifa	מְנִיפָה (נ)
das (de)	aniva	עֲנִיבָה (נ)
strikje (het)	anivat parpar	עֲנִיבַת פַּרפַּר (נ)
bretels (mv.)	ktefiyot	כְּתֵפִיוֹת (נ״ר)
zakdoek (de)	mimχata	מִמחָטָה (נ)
kam (de)	masrek	מַסרֵק (ז)
haarspeldje (het)	sikat roʃ	סִיכַּת רֹאשׁ (נ)
schuifspeldje (het)	sikat se'ar	סִיכַּת שֵׂעָר (נ)
gesp (de)	avzam	אַבזָם (ז)
broekriem (de)	χagora	חֲגוֹרָה (נ)
draagriem (de)	retsu'at katef	רְצוּעַת כָּתֵף (נ)
handtas (de)	tik	תִיק (ז)
damestas (de)	tik	תִיק (ז)
rugzak (de)	tarmil	תַרמִיל (ז)

32. Kleding. Diversen

mode (de)	ofna	אוֹפנָה (נ)
de mode (bn)	ofnati	אוֹפנָתִי
kledingstilist (de)	me'atsev ofna	מְעַצֵב אוֹפנָה (ז)
kraag (de)	tsavaron	צַוָוארוֹן (ז)
zak (de)	kis	כִּיס (ז)
zak- (abn)	ʃel kis	שֶׁל כִּיס
mouw (de)	ʃarvul	שַׁרווּל (ז)
lusje (het)	mitle	מִתלֶה (ז)
gulp (de)	χanut	חָנוּת (נ)
rits (de)	roχsan	רוֹכסָן (ז)
sluiting (de)	'keres	קֶרֶס (ז)
knoop (de)	kaftor	כַּפתוֹר (ז)

| knoopsgat (het) | lula'a | לוּלָאָה (נ) |
| losraken (bijv. knopen) | lehitalef | לְהִיתָּלֵשׁ |

naaien (kleren, enz.)	litpor	לִתְפּוֹר
borduren (ww)	lirkom	לִרְקוֹם
borduursel (het)	rikma	רִקְמָה (נ)
naald (de)	'maxat tfira	מַחַט תְּפִירָה (נ)
draad (de)	xut	חוּט (ז)
naad (de)	'tefer	תֶּפֶר (ז)

vies worden (ww)	lehitlaxlex	לְהִתְלַכְלֵךְ
vlek (de)	'ketem	כֶּתֶם (ז)
gekreukt raken (ov. kleren)	lehitkamet	לְהִתְקַמֵּט
scheuren (ov.ww.)	lik'ro'a	לִקְרוֹעַ
mot (de)	aʃ	עָשׁ (ז)

33. Persoonlijke verzorging. Schoonheidsmiddelen

tandpasta (de)	miʃxat ʃi'nayim	מִשְׁחַת שִׁינַּיִים (נ)
tandenborstel (de)	miv'reʃet ʃi'nayim	מִבְרֶשֶׁת שִׁינַּיִים (נ)
tanden poetsen (ww)	letsax'tseax ʃi'nayim	לְצַחְצֵחַ שִׁינַּיִים

scheermes (het)	'ta'ar	תַּעַר (ז)
scheerschuim (het)	'ketsef gi'luax	קֶצֶף גִּילּוּחַ (ז)
zich scheren (ww)	lehitga'leax	לְהִתְגַּלֵּחַ

| zeep (de) | sabon | סַבּוֹן (ז) |
| shampoo (de) | ʃampu | שַׁמְפּוּ (ז) |

schaar (de)	mispa'rayim	מִסְפָּרַיִים (ז״ר)
nagelvijl (de)	ptsira	פְּצִירָה (נ)
nagelknipper (de)	gozez tsipor'nayim	גּוֹזֵז צִיפּוֹרְנַיִים (ז)
pincet (het)	pin'tseta	פִּינְצֶטָה (נ)

cosmetica (de)	tamrukim	תַּמְרוּקִים (ז״ר)
masker (het)	masexa	מַסֵּכָה (נ)
manicure (de)	manikur	מָנִיקוּר (ז)
manicure doen	la'asot manikur	לַעֲשׂוֹת מָנִיקוּר
pedicure (de)	pedikur	פֶּדִיקוּר (ז)

cosmetica tasje (het)	tik ipur	תִּיק אִיפּוּר (ז)
poeder (de/het)	'pudra	פּוּדְרָה (נ)
poederdoos (de)	pudriya	פּוּדְרִיָּיה (נ)
rouge (de)	'somek	סוֹמֶק (ז)

parfum (de/het)	'bosem	בּוֹשֶׂם (ז)
eau de toilet (de)	mei 'bosem	מֵי בּוֹשֶׂם (ז״ר)
lotion (de)	mei panim	מֵי פָּנִים (ז״ר)
eau de cologne (de)	mei 'bosem	מֵי בּוֹשֶׂם (ז״ר)

oogschaduw (de)	tslalit	צְלָלִית (נ)
oogpotlood (het)	ai 'lainer	אַיי לַיינֶר (ז)
mascara (de)	'maskara	מַסְקָרָה (נ)
lippenstift (de)	sfaton	שְׂפָתוֹן (ז)

nagellak (de)	'laka letsipor'nayim	לַכָּה לְצִיפּוֹרְנַיִים (נ)
haarlak (de)	tarsis lese'ar	תַּרְסִיס לְשֵׂיעָר (ז)
deodorant (de)	de'odo'rant	דֵּאוֹדוֹרַנט (ז)
crème (de)	krem	קְרֶם (ז)
gezichtscrème (de)	krem panim	קְרֶם פָּנִים (ז)
handcrème (de)	krem ya'dayim	קְרֶם יָדַיִים (ז)
antirimpelcrème (de)	krem 'neged kmatim	קְרֶם נֶגֶד קְמָטִים (ז)
dagcrème (de)	krem yom	קְרֶם יוֹם (ז)
nachtcrème (de)	krem 'laila	קְרֶם לַיְלָה (ז)
dag- (abn)	yomi	יוֹמִי
nacht- (abn)	leili	לֵילִי
tampon (de)	tampon	טַמְפּוֹן (ז)
toiletpapier (het)	neyar tu'alet	נְיָיר טוּאָלֶט (ז)
föhn (de)	meyabeʃ se'ar	מְיַבֵּשׁ שֵׂיעָר (ז)

34. Horloges. Klokken

polshorloge (het)	ʃe'on yad	שְׁעוֹן יָד (ז)
wijzerplaat (de)	'luax ʃa'on	לוּחַ שָׁעוֹן (ז)
wijzer (de)	maxog	מָחוֹג (ז)
metalen horlogeband (de)	tsamid	צָמִיד (ז)
horlogebandje (het)	retsu'a leʃa'on	רְצוּעָה לְשָׁעוֹן (נ)
batterij (de)	solela	סוֹלְלָה (נ)
leeg zijn (ww)	lehitroken	לְהִתְרוֹקֵן
batterij vervangen	lehaxlif	לְהַחֲלִיף
voorlopen (ww)	lemaher	לְמַהֵר
achterlopen (ww)	lefager	לְפַגֵּר
wandklok (de)	ʃe'on kir	שְׁעוֹן קִיר (ז)
zandloper (de)	ʃe'on xol	שְׁעוֹן חוֹל (ז)
zonnewijzer (de)	ʃe'on 'ʃemeʃ	שְׁעוֹן שֶׁמֶשׁ (ז)
wekker (de)	ʃa'on me'orer	שָׁעוֹן מְעוֹרֵר (ז)
horlogemaker (de)	ʃa'an	שָׁעָן (ז)
repareren (ww)	letaken	לְתַקֵּן

Voedsel. Voeding

35. Voedsel

vlees (het)	basar	בָּשָׂר (ז)
kip (de)	of	עוֹף (ז)
kuiken (het)	pargit	פַּרְגִית (נ)
eend (de)	barvaz	בַּרְוָז (ז)
gans (de)	avaz	אַוָז (ז)
wild (het)	'tsayid	צַיִד (ז)
kalkoen (de)	'hodu	הוֹדוּ (ז)
varkensvlees (het)	basar xazir	בְּשַׂר חֲזִיר (ז)
kalfsvlees (het)	basar 'egel	בְּשַׂר עֵגֶל (ז)
schapenvlees (het)	basar 'keves	בְּשַׂר כֶּבֶשׂ (ז)
rundvlees (het)	bakar	בָּקָר (ז)
konijnenvlees (het)	arnav	אַרְנָב (ז)
worst (de)	naknik	נַקְנִיק (ז)
saucijs (de)	naknikiya	נַקְנִיקִיָה (נ)
spek (het)	'kotel xazir	קוֹתֶל חֲזִיר (ז)
ham (de)	basar xazir me'uʃan	בְּשַׂר חֲזִיר מְעוּשָן (ז)
gerookte achterham (de)	'kotel xazir me'uʃan	קוֹתֶל חֲזִיר מְעוּשָן (ז)
paté, pastei (de)	pate	פָּטֶה (ז)
lever (de)	kaved	כָּבֵד (ז)
gehakt (het)	basar taxun	בְּשַׂר טָחוּן (ז)
tong (de)	laʃon	לָשוֹן (נ)
ei (het)	beitsa	בֵּיצָה (נ)
eieren (mv.)	beitsim	בֵּיצִים (נ״ר)
eiwit (het)	xelbon	חֶלְבּוֹן (ז)
eigeel (het)	xelmon	חֶלְמוֹן (ז)
vis (de)	dag	דָג (ז)
zeevruchten (mv.)	perot yam	פֵּירוֹת יָם (ז״ר)
schaaldieren (mv.)	sartana'im	סַרְטָנָאִים (ז״ר)
kaviaar (de)	kavyar	קָוְיָאר (ז)
krab (de)	sartan yam	סַרְטָן יָם (ז)
garnaal (de)	ʃrimps	שְרִימְפְּס (ז״ר)
oester (de)	tsidpat ma'axal	צִדְפַּת מַאֲכָל (נ)
langoest (de)	'lobster kotsani	לוֹבְּסְטֶר קוֹצָנִי (ז)
octopus (de)	tamnun	תַמְנוּן (ז)
inktvis (de)	kala'mari	קָלָמָארִי (ז)
steur (de)	basar haxidkan	בְּשַׂר הַחִדְקָן (ז)
zalm (de)	'salmon	סַלְמוֹן (ז)
heilbot (de)	putit	פּוּטִית (נ)
kabeljauw (de)	ʃibut	שִיבּוּט (ז)

makreel (de)	kolyas	קוֹלְיָס (ז)
tonijn (de)	'tuna	טוּנָה (נ)
paling (de)	tslofaχ	צְלוֹפָח (ז)
forel (de)	forel	פוֹרֵל (ז)
sardine (de)	sardin	סַרְדִין (ז)
snoek (de)	ze'ev 'mayim	זְאֵב מַיִם (ז)
haring (de)	ma'liaχ	מָלִיחַ (ז)
brood (het)	'leχem	לֶחֶם (ז)
kaas (de)	gvina	גְבִינָה (נ)
suiker (de)	sukar	סוּכָּר (ז)
zout (het)	'melaχ	מֶלַח (ז)
rijst (de)	'orez	אוֹרֶז (ז)
pasta (de)	'pasta	פַּסְטָה (נ)
noedels (mv.)	irtiyot	אִטְרִיוֹת (נ״ר)
boter (de)	χem'a	חֶמְאָה (נ)
plantaardige olie (de)	'ʃemen tsimχi	שֶׁמֶן צִמְחִי (ז)
zonnebloemolie (de)	'ʃemen χamaniyot	שֶׁמֶן חַמָנִיוֹת (ז)
margarine (de)	marga'rina	מַרְגָרִינָה (נ)
olijven (mv.)	zeitim	זֵיתִים (ז״ר)
olijfolie (de)	'ʃemen 'zayit	שֶׁמֶן זַיִת (ז)
melk (de)	χalav	חָלָב (ז)
gecondenseerde melk (de)	χalav merukaz	חָלָב מְרוּכָּז (ז)
yoghurt (de)	'yogurt	יוֹגוּרְט (ז)
zure room (de)	ʃa'menet	שַׁמֶנֶת (נ)
room (de)	ʃa'menet	שַׁמֶנֶת (נ)
mayonaise (de)	mayonez	מָיוֹנֵז (ז)
crème (de)	ka'tsefet χem'a	קַצֶפֶת חֶמְאָה (נ)
graan (het)	grisim	גְרִיסִים (ז״ר)
meel (het), bloem (de)	'kemaχ	קֶמַח (ז)
conserven (mv.)	ʃimurim	שִׁימוּרִים (ז״ר)
maïsvlokken (mv.)	ptitei 'tiras	פְּתִיתֵי תִירָס (ז״ר)
honing (de)	dvaʃ	דְבַשׁ (ז)
jam (de)	riba	רִיבָּה (נ)
kauwgom (de)	'mastik	מַסְטִיק (ז)

36. Drankjes

water (het)	'mayim	מַיִם (ז״ר)
drinkwater (het)	mei ʃtiya	מֵי שְׁתִיָה (ז״ר)
mineraalwater (het)	'mayim mine'raliyim	מַיִם מִינֶרָלִיִים (ז״ר)
zonder gas	lo mugaz	לֹא מוּגָז
koolzuurhoudend (bn)	mugaz	מוּגָז
bruisend (bn)	mugaz	מוּגָז
IJs (het)	'keraχ	קֶרַח (ז)

met ijs	im 'keraχ	עִם קֶרַח
alcohol vrij (bn)	natul alkohol	נְטוּל אַלְכּוֹהוֹל
alcohol vrije drank (de)	maʃke kal	מַשְׁקֶה קַל (ז)
frisdrank (de)	maʃke mera'anen	מַשְׁקֶה מְרַעֲנֵן (ז)
limonade (de)	limo'nada	לִימוֹנָדָה (נ)
alcoholische dranken (mv.)	maʃka'ot χarifim	מַשְׁקָאוֹת חָרִיפִים (ז״ר)
wijn (de)	'yayin	יַיִן (ז)
witte wijn (de)	'yayin lavan	יַיִן לָבָן (ז)
rode wijn (de)	'yayin adom	יַיִן אָדֹם (ז)
likeur (de)	liker	לִיקֵר (ז)
champagne (de)	ʃam'panya	שַׁמְפַּנְיָה (נ)
vermout (de)	'vermut	וֶרְמוּט (ז)
whisky (de)	'viski	וִיסְקִי (ז)
wodka (de)	'vodka	וֹדְקָה (נ)
gin (de)	dʒin	גִ'ין (ז)
cognac (de)	'konyak	קוֹנְיָאק (ז)
rum (de)	rom	רוֹם (ז)
koffie (de)	kafe	קָפֶה (ז)
zwarte koffie (de)	kafe ʃaχor	קָפֶה שָׁחוֹר (ז)
koffie (de) met melk	kafe hafuχ	קָפֶה הָפוּךְ (ז)
cappuccino (de)	kapu'tʃino	קָפּוּצִ'ינוֹ (ז)
oploskoffie (de)	kafe names	קָפֶה נָמֵס (ז)
melk (de)	χalav	חָלָב (ז)
cocktail (de)	kokteil	קוֹקְטֵיל (ז)
milkshake (de)	'milkʃeik	מִילְקְשֵׁייק (ז)
sap (het)	mits	מִיץ (ז)
tomatensap (het)	mits agvaniyot	מִיץ עַגְבָנִיּוֹת (ז)
sinaasappelsap (het)	mits tapuzim	מִיץ תַּפּוּזִים (ז)
vers geperst sap (het)	mits saχut	מִיץ סָחוּט (ז)
bier (het)	'bira	בִּירָה (נ)
licht bier (het)	'bira bahira	בִּירָה בְּהִירָה (נ)
donker bier (het)	'bira keha	בִּירָה כֵּהָה (נ)
thee (de)	te	תֶּה (ז)
zwarte thee (de)	te ʃaχor	תֶּה שָׁחוֹר (ז)
groene thee (de)	te yarok	תֶּה יָרֹק (ז)

37. Groenten

groenten (mv.)	yerakot	יְרָקוֹת (ז״ר)
verse kruiden (mv.)	'yerek	יֶרֶק (ז)
tomaat (de)	agvaniya	עַגְבָנִיָּה (נ)
augurk (de)	melafefon	מְלָפְפוֹן (ז)
wortel (de)	'gezer	גֶּזֶר (ז)
aardappel (de)	ta'puaχ adama	תַּפּוּחַ אֲדָמָה (ז)
ui (de)	batsal	בָּצָל (ז)

knoflook (de)	ʃum	שׁוּם (ז)
kool (de)	kruv	כְּרוּב (ז)
bloemkool (de)	kruvit	כְּרוּבִית (נ)
spruitkool (de)	kruv nitsanim	כְּרוּב נִצָּנִים (ז)
broccoli (de)	'brokoli	בְּרוֹקוֹלִי (ז)
rode biet (de)	'selek	סֶלֶק (ז)
aubergine (de)	χatsil	חָצִיל (ז)
courgette (de)	kiʃu	קִישׁוּא (ז)
pompoen (de)	'dla'at	דְּלַעַת (נ)
raap (de)	'lefet	לֶפֶת (נ)
peterselie (de)	petro'zilya	פֶּטרוֹזִילְיָה (נ)
dille (de)	ʃamir	שָׁמִיר (ז)
sla (de)	'χasa	חַסָּה (נ)
selderij (de)	'seleri	סֶלֶרִי (ז)
asperge (de)	aspa'ragos	אַסְפָּרָגוֹס (ז)
spinazie (de)	'tered	תֶּרֶד (ז)
erwt (de)	afuna	אֲפוּנָה (נ)
bonen (mv.)	pol	פּוֹל (ז)
maïs (de)	'tiras	תִּירָס (ז)
boon (de)	ʃu'it	שְׁעוּעִית (נ)
peper (de)	'pilpel	פִּלְפֵּל (ז)
radijs (de)	tsnonit	צְנוֹנִית (נ)
artisjok (de)	artiʃok	אַרְטִישׁוֹק (ז)

38. Vruchten. Noten

vrucht (de)	pri	פְּרִי (ז)
appel (de)	ta'puaχ	תַּפּוּחַ (ז)
peer (de)	agas	אַגָּס (ז)
citroen (de)	limon	לִימוֹן (ז)
sinaasappel (de)	tapuz	תַּפּוּז (ז)
aardbei (de)	tut sade	תּוּת שָׂדֶה (ז)
mandarijn (de)	klemen'tina	קְלֵמֶנְטִינָה (נ)
pruim (de)	ʃezif	שְׁזִיף (ז)
perzik (de)	afarsek	אֲפַרְסֵק (ז)
abrikoos (de)	'miʃmeʃ	מִשְׁמֵשׁ (ז)
framboos (de)	'petel	פֶּטֶל (ז)
ananas (de)	'ananas	אֲנָנָס (ז)
banaan (de)	ba'nana	בַּנָנָה (נ)
watermeloen (de)	ava'tiaχ	אֲבַטִּיחַ (ז)
druif (de)	anavim	עֲנָבִים (ז״ר)
zure kers (de)	duvdevan	דּוּבְדְּבָן (ז)
zoete kers (de)	gudgedan	גּוּדְגְּדָן (ז)
meloen (de)	melon	מֶלוֹן (ז)
grapefruit (de)	eʃkolit	אֶשְׁכּוֹלִית (נ)
avocado (de)	avo'kado	אֲבוֹקָדוֹ (ז)
papaja (de)	pa'paya	פַּפָּאיָה (נ)

mango (de)	'mango	מַנגוֹ (ז)
granaatappel (de)	rimon	רִימוֹן (ז)
rode bes (de)	dumdemanit aduma	דוּמדְמָנִית אֲדוּמָה (נ)
zwarte bes (de)	dumdemanit ʃxora	דוּמדְמָנִית שחוֹרָה (נ)
kruisbes (de)	xazarzar	חֲזַרזַר (ז)
bosbes (de)	uxmanit	אוּכמָנִית (נ)
braambes (de)	'petel ʃaxor	פֶּטֶל שָחוֹר (ז)
rozijn (de)	tsimukim	צִימוּקִים (ז"ר)
vijg (de)	te'ena	תְאֵנָה (נ)
dadel (de)	tamar	תָמָר (ז)
pinda (de)	botnim	בּוֹטנִים (ז"ר)
amandel (de)	ʃaked	שָקֵד (ז)
walnoot (de)	egoz 'melex	אֱגוֹז מֶלֶך (ז)
hazelnoot (de)	egoz ilsar	אֱגוֹז אִלסָר (ז)
kokosnoot (de)	'kokus	קוֹקוּס (ז)
pistaches (mv.)	'fistuk	פִּיסטוּק (ז)

39. Brood. Snoep

suikerbakkerij (de)	mutsrei kondi'torya	מוּצרֵי קוֹנדִיטוֹריָה (ז"ר)
brood (het)	'lexem	לֶחֶם (ז)
koekje (het)	ugiya	עוּגִיָה (נ)
chocolade (de)	'ʃokolad	שוֹקוֹלָד (ז)
chocolade- (abn)	mi'ʃokolad	מְשוֹקוֹלָד
snoepje (het)	sukariya	סוּכָּרִיָה (נ)
cakeje (het)	uga	עוּגָה (נ)
taart (bijv. verjaardags~)	uga	עוּגָה (נ)
pastei (de)	pai	פַּאי (ז)
vulling (de)	milui	מִילוּי (ז)
confituur (de)	riba	רִיבָּה (נ)
marmelade (de)	marme'lada	מַרמְלָדָה (נ)
wafel (de)	'vaflim	וַפלִים (ז"ר)
IJsje (het)	'glida	גלִידָה (נ)
pudding (de)	'puding	פּוּדִינג (ז)

40. Bereide gerechten

gerecht (het)	mana	מָנָה (נ)
keuken (bijv. Franse ~)	mitbax	מִטבָּח (ז)
recept (het)	matkon	מַתכּוֹן (ז)
portie (de)	mana	מָנָה (נ)
salade (de)	salat	סָלָט (ז)
soep (de)	marak	מָרָק (ז)
bouillon (de)	marak tsax, tsir	מָרָק צַח, צִיר (ז)
boterham (de)	karix	כָּרִיך (ז)

spiegelei (het)	beitsat ain	בֵּיצַת עַיִן (נ)
hamburger (de)	'hamburger	הַמְבּוּרגֶר (ז)
biefstuk (de)	umtsa, steik	אוּמצָה (נ), סטֵייק (ז)
garnering (de)	to'sefet	תוֹסֶפֶת (נ)
spaghetti (de)	spa'geti	ספָּגֶטִי (ז)
aardappelpuree (de)	mexit tapuxei adama	מְחִית תַפּוּחֵי אֲדָמָה (נ)
pizza (de)	'pitsa	פִּיצָה (נ)
pap (de)	daysa	דַייסָה (נ)
omelet (de)	xavita	חֲבִיתָה (נ)
gekookt (in water)	mevuʃal	מְבוּשָל
gerookt (bn)	me'uʃan	מְעוּשָן
gebakken (bn)	metugan	מְטוּגָן
gedroogd (bn)	meyubaʃ	מְיוּבָּש
diepvries (bn)	kafu	קָפוּא
gemarineerd (bn)	kavuʃ	כָּבוּש
zoet (bn)	matok	מָתוֹק
gezouten (bn)	ma'luax	מָלוּחַ
koud (bn)	kar	קַר
heet (bn)	xam	חַם
bitter (bn)	marir	מָרִיר
lekker (bn)	ta'im	טָעִים
koken (in kokend water)	levaʃel be'mayim rotxim	לְבַשֵל בְּמַיִם רוֹתחִים
bereiden (avondmaaltijd ~)	levaʃel	לְבַשֵל
bakken (ww)	letagen	לְטַגֵן
opwarmen (ww)	lexamem	לְחַמֵם
zouten (ww)	leham'liax	לְהַמלִיחַ
peperen (ww)	lefalpel	לְפַלפֵּל
raspen (ww)	lerasek	לְרַסֵק
schil (de)	klipa	קלִיפָּה (נ)
schillen (ww)	lekalef	לְקַלֵף

41. Kruiden

zout (het)	'melax	מֶלַח (ז)
gezouten (bn)	ma'luax	מָלוּחַ
zouten (ww)	leham'liax	לְהַמלִיחַ
zwarte peper (de)	'pilpel ʃaxor	פִּלפֵּל שָחוֹר (ז)
rode peper (de)	'pilpel adom	פִּלפֵּל אָדוֹם (ז)
mosterd (de)	xardal	חַרדָל (ז)
mierikswortel (de)	xa'zeret	חֲזֶרֶת (נ)
condiment (het)	'rotev	רוֹטֶב (ז)
specerij ,kruiderij (de)	tavlin	תַבלִין (ז)
saus (de)	'rotev	רוֹטֶב (ז)
azijn (de)	'xomets	חוֹמֶץ (ז)
anijs (de)	kamnon	כַּמנוֹן (ז)
basilicum (de)	rexan	רֵיחָן (ז)

kruidnagel (de)	tsi'poren	ציפורן (ז)
gember (de)	'dʒindʒer	ג'ינג'ר (ז)
koriander (de)	'kusbara	כוסברה (נ)
kaneel (de/het)	kinamon	קינמון (ז)
sesamzaad (het)	'ʃumʃum	שומשום (ז)
laurierblad (het)	ale dafna	עלה דפנה (ז)
paprika (de)	'paprika	פפריקה (נ)
komijn (de)	'kimel	קימל (ז)
saffraan (de)	ze'afran	זעפרן (ז)

42. Maaltijden

eten (het)	'oxel	אוכל (ז)
eten (ww)	le'exol	לאכול
ontbijt (het)	aruxat 'boker	ארוחת בוקר (נ)
ontbijten (ww)	le'exol aruxat 'boker	לאכול ארוחת בוקר
lunch (de)	aruxat tsaha'rayim	ארוחת צהריים (נ)
lunchen (ww)	le'exol aruxat tsaha'rayim	לאכול ארוחת צהריים
avondeten (het)	aruxat 'erev	ארוחת ערב (נ)
souperen (ww)	le'exol aruxat 'erev	לאכול ארוחת ערב
eetlust (de)	te'avon	תיאבון (ז)
Eet smakelijk!	betei'avon!	בתיאבון!
openen (een fles ~)	lif'toax	לפתוח
morsen (koffie, enz.)	liʃpox	לשפוך
zijn gemorst	lehiʃapex	להישפך
koken (water kookt bij 100°C)	lir'toax	לרתוח
koken (Hoe om water te ~)	lehar'tiax	להרתיח
gekookt (~ water)	ra'tuax	רתוח
afkoelen (koeler maken)	lekarer	לקרר
afkoelen (koeler worden)	lehitkarer	להתקרר
smaak (de)	'ta'am	טעם (ז)
nasmaak (de)	'ta'am levai	טעם לוואי (ז)
volgen een dieet	lirzot	לרזות
dieet (het)	di''eta	דיאטה (נ)
vitamine (de)	vitamin	ויטמין (ז)
calorie (de)	ka'lorya	קלוריה (נ)
vegetariër (de)	tsimxoni	צמחוני (ז)
vegetarisch (bn)	tsimxoni	צמחוני
vetten (mv.)	ʃumanim	שומנים (ז"ר)
eiwitten (mv.)	xelbonim	חלבונים (ז"ר)
koolhydraten (mv.)	paxmema	פחמימה (נ)
snede (de)	prusa	פרוסה (נ)
stuk (bijv. een ~ taart)	xatixa	חתיכה (נ)
kruimel (de)	perur	פירור (ז)

43. Tafelschikking

lepel (de)	kaf	כַּף (ז)
mes (het)	sakin	סַכִּין (ז, נ)
vork (de)	mazleg	מַזְלֵג (ז)
kopje (het)	'sefel	סֵפֶל (ז)
bord (het)	tsa'laxat	צַלַּחַת (נ)
schoteltje (het)	taxtit	תַּחְתִּית (נ)
servet (het)	mapit	מַפִּית (נ)
tandenstoker (de)	keisam ʃi'nayim	קֵיסָם שִׁינַיִים (ז)

44. Restaurant

restaurant (het)	mis'ada	מִסְעָדָה (נ)
koffiehuis (het)	beit kafe	בֵּית קָפֶה (ז)
bar (de)	bar, pab	בָּר, פָּאבּ (ז)
tearoom (de)	beit te	בֵּית תֵּה (ז)
kelner, ober (de)	meltsar	מֶלְצַר (ז)
serveerster (de)	meltsarit	מֶלְצָרִית (נ)
barman (de)	'barmen	בַּרְמֶן (ז)
menu (het)	tafrit	תַּפְרִיט (ז)
wijnkaart (de)	reʃimat yeynot	רְשִׁימַת יֵינוֹת (נ)
een tafel reserveren	lehazmin ʃulxan	לְהַזְמִין שׁוּלְחָן
gerecht (het)	mana	מָנָה (נ)
bestellen (eten ~)	lehazmin	לְהַזְמִין
een bestelling maken	lehazmin	לְהַזְמִין
aperitief (de/het)	maʃke meta'aven	מַשְׁקֶה מְתַאֲבֵן (ז)
voorgerecht (het)	meta'aven	מְתָאָבֵן (ז)
dessert (het)	ki'nuax	קִינוּחַ (ז)
rekening (de)	xeʃbon	חֶשְׁבּוֹן (ז)
de rekening betalen	leʃalem	לְשַׁלֵּם
wisselgeld teruggeven	latet 'odef	לָתֵת עוֹדֶף
fooi (de)	tip	טִיפּ (ז)

Familie, verwanten en vrienden

45. Persoonlijke informatie. Formulieren

naam (de)	ʃem	שֵׁם (ז)
achternaam (de)	ʃem miʃpaχa	שֵׁם מִשְׁפָּחָה (ז)
geboortedatum (de)	ta'ariχ leda	תַאֲרִיךְ לֵידָה (ז)
geboorteplaats (de)	mekom leda	מְקוֹם לֵידָה (ז)
nationaliteit (de)	le'om	לְאוֹם (ז)
woonplaats (de)	mekom megurim	מְקוֹם מְגוּרִים (ז)
land (het)	medina	מְדִינָה (נ)
beroep (het)	mik'tso'a	מִקְצוֹעַ (ז)
geslacht (ov. het vrouwelijk ~)	min	מִין (ז)
lengte (de)	'gova	גּוֹבַהּ (ז)
gewicht (het)	miʃkal	מִשְׁקָל (ז)

46. Familieleden. Verwanten

moeder (de)	em	אֵם (נ)
vader (de)	av	אָב (ז)
zoon (de)	ben	בֵּן (ז)
dochter (de)	bat	בַּת (נ)
jongste dochter (de)	habat haktana	הַבַּת הַקְּטַנָה (נ)
jongste zoon (de)	haben hakatan	הַבֵּן הַקָּטָן (ז)
oudste dochter (de)	habat habχora	הַבַּת הַבְּכוֹרָה (נ)
oudste zoon (de)	haben habχor	הַבֵּן הַבְּכוֹר (ז)
broer (de)	aχ	אָח (ז)
oudere broer (de)	aχ gadol	אָח גָּדוֹל (ז)
jongere broer (de)	aχ katan	אָח קָטָן (ז)
zuster (de)	aχot	אָחוֹת (נ)
oudere zuster (de)	aχot gdola	אָחוֹת גְדוֹלָה (נ)
jongere zuster (de)	aχot ktana	אָחוֹת קְטַנָה (נ)
neef (zoon van oom, tante)	ben dod	בֶּן דּוֹד (ז)
nicht (dochter van oom, tante)	bat 'doda	בַּת דּוֹדָה (נ)
mama (de)	'ima	אִמָּא (נ)
papa (de)	'aba	אַבָּא (ז)
ouders (mv.)	horim	הוֹרִים (ז"ר)
kind (het)	'yeled	יֶלֶד (ז)
kinderen (mv.)	yeladim	יְלָדִים (ז"ר)
oma (de)	'savta	סָבְתָא (נ)
opa (de)	'saba	סָבָּא (ז)

kleinzoon (de)	'neχed	נֶכֶד (ז)
kleindochter (de)	neχda	נֶכְדָּה (נ)
kleinkinderen (mv.)	neχadim	נְכָדִים (ז״ר)
oom (de)	dod	דּוֹד (ז)
tante (de)	'doda	דּוֹדָה (נ)
neef (zoon van broer, zus)	aχyan	אַחְיָן (ז)
nicht (dochter van broer, zus)	aχyanit	אַחְיָנִית (נ)
schoonmoeder (de)	χamot	חָמוֹת (נ)
schoonvader (de)	χam	חָם (ז)
schoonzoon (de)	χatan	חָתָן (ז)
stiefmoeder (de)	em χoreget	אֵם חוֹרֶגֶת (נ)
stiefvader (de)	av χoreg	אָב חוֹרֵג (ז)
zuigeling (de)	tinok	תִּינוֹק (ז)
wiegenkind (het)	tinok	תִּינוֹק (ז)
kleuter (de)	pa'ot	פָּעוֹט (ז)
vrouw (de)	iʃa	אִשָּׁה (נ)
man (de)	'ba'al	בַּעַל (ז)
echtgenoot (de)	ben zug	בֶּן זוּג (ז)
echtgenote (de)	bat zug	בַּת זוּג (נ)
gehuwd (mann.)	nasui	נָשׂוּי
gehuwd (vrouw.)	nesu'a	נְשׂוּאָה
ongehuwd (mann.)	ravak	רַוָּק
vrijgezel (de)	ravak	רַוָּק (ז)
gescheiden (bn)	garuʃ	גָּרוּשׁ
weduwe (de)	almana	אַלְמָנָה (נ)
weduwnaar (de)	alman	אַלְמָן (ז)
familielid (het)	karov miʃpaχa	קָרוֹב מִשְׁפָּחָה (ז)
dichte familielid (het)	karov miʃpaχa	קָרוֹב מִשְׁפָּחָה (ז)
verre familielid (het)	karov raχok	קָרוֹב רָחוֹק (ז)
familieleden (mv.)	krovei miʃpaχa	קְרוֹבֵי מִשְׁפָּחָה (ז״ר)
wees (de), weeskind (het)	yatom	יָתוֹם (ז)
wees (weesjongen)	yatom	יָתוֹם (ז)
wees (weesmeisje)	yetoma	יְתוֹמָה (נ)
voogd (de)	apo'tropos	אֲפּוֹטְרוֹפּוֹס (ז)
adopteren (een jongen te ~)	le'amets	לְאַמֵּץ

Geneeskunde

47. Ziekten

ziekte (de)	maxala	מַחֲלָה (נ)
ziek zijn (ww)	lihyot xole	לִהְיוֹת חוֹלֶה
gezondheid (de)	bri'ut	בְּרִיאוּת (נ)
snotneus (de)	na'zelet	נַזֶּלֶת (נ)
angina (de)	da'leket ʃkedim	דַּלֶּקֶת שְׁקֵדִים (נ)
verkoudheid (de)	hitstanenut	הִצְטַנְּנוּת (נ)
verkouden raken (ww)	lehitstanen	לְהִצְטַנֵּן
bronchitis (de)	bron'xitis	בְּרוֹנְכִיטִיס (ז)
longontsteking (de)	da'leket re'ot	דַּלֶּקֶת רֵיאוֹת (נ)
griep (de)	ʃa'pa'at	שַׁפַּעַת (נ)
bijziend (bn)	ktsar re'iya	קְצַר רְאִיָּה
verziend (bn)	rexok re'iya	רְחוֹק־רְאִיָּה
scheelheid (de)	pzila	פְּזִילָה (נ)
scheel (bn)	pozel	פּוֹזֵל
grauwe staar (de)	katarakt	קָטָרַקְט (ז)
glaucoom (het)	gla'u'koma	גְּלָאוּקוֹמָה (נ)
beroerte (de)	ʃavats moxi	שָׁבָץ מוֹחִי (ז)
hartinfarct (het)	hetkef lev	הֶתְקֵף לֵב (ז)
myocardiaal infarct (het)	'otem ʃrir halev	אוֹטֶם שְׁרִיר הַלֵּב (ז)
verlamming (de)	ʃituk	שִׁיתּוּק (ז)
verlammen (ww)	leʃatek	לְשַׁתֵּק
allergie (de)	a'lergya	אָלֶרְגִיָה (נ)
astma (de/het)	'astma, ka'tseret	אַסְתְמָה, קַצֶּרֶת (נ)
diabetes (de)	su'keret	סוּכֶּרֶת (נ)
tandpijn (de)	ke'ev ʃi'nayim	כְּאֵב שִׁינַּיִים (ז)
tandbederf (het)	a'ʃeʃet	עַשֶּׁשֶׁת (נ)
diarree (de)	ʃilʃul	שִׁלְשׁוּל (ז)
constipatie (de)	atsirut	עֲצִירוּת (נ)
maagstoornis (de)	kilkul keiva	קִלְקוּל קֵיבָה (ז)
voedselvergiftiging (de)	har'alat mazon	הַרְעָלַת מָזוֹן (נ)
voedselvergiftiging oplopen	laxatof har'alat mazon	לַחֲטוֹף הַרְעָלַת מָזוֹן
artritis (de)	da'leket mifrakim	דַּלֶּקֶת מִפְרָקִים (נ)
rachitis (de)	ra'kexet	רַכֶּבֶת (נ)
reuma (het)	ʃigaron	שִׁיגָּרוֹן (ז)
arteriosclerose (de)	ar'teryo skle'rosis	אַרְטֶרְיוֹ־סְקְלֶרוֹסִיס (ז)
gastritis (de)	da'leket keiva	דַּלֶּקֶת קֵיבָה (נ)
blindedarmontsteking (de)	da'leket toseftan	דַּלֶּקֶת תּוֹסֶפְתָן (נ)

galblaasontsteking (de)	da'leket kis hamara	דַּלֶּקֶת כִּיס הַמָּרָה (נ)
zweer (de)	'ulkus, kiv	אוּלקוּס, כִּיב (ז)
mazelen (mv.)	xa'tsevet	חַצֶּבֶת (נ)
rodehond (de)	a'demet	אֲדֶמֶת (נ)
geelzucht (de)	tsa'hevet	צַהֶבֶת (נ)
leverontsteking (de)	da'leket kaved	דַּלֶּקֶת כָּבֵד (נ)
schizofrenie (de)	sxizo'frenya	סְכִיזוֹפרֶניָה (נ)
dolheid (de)	ka'levet	כַּלֶּבֶת (נ)
neurose (de)	noi'roza	נוֹירוֹזָה (נ)
hersenschudding (de)	za'a'zu'a 'moax	זַעֲזוּעַ מוֹחַ (ז)
kanker (de)	sartan	סַרטָן (ז)
sclerose (de)	ta'refet	טָרֶשֶׁת (נ)
multiple sclerose (de)	ta'refet nefotsa	טָרֶשֶׁת נְפוֹצָה (נ)
alcoholisme (het)	alkoholizm	אַלכּוֹהוֹלִיזם (ז)
alcoholicus (de)	alkoholist	אַלכּוֹהוֹלִיסט (ז)
syfilis (de)	a'gevet	עַגֶּבֶת (נ)
AIDS (de)	eids	אֵיידס (ז)
tumor (de)	gidul	גִידוּל (ז)
kwaadaardig (bn)	mam'ir	מַמאִיר
goedaardig (bn)	fapir	שָׁפִיר
koorts (de)	ka'daxat	קַדַּחַת (נ)
malaria (de)	ma'larya	מָלַריָה (נ)
gangreen (het)	gan'grena	גַנגרֶנָה (נ)
zeeziekte (de)	maxalat yam	מַחֲלַת יָם (נ)
epilepsie (de)	maxalat hanefila	מַחֲלַת הַנְּפִילָה (נ)
epidemie (de)	magefa	מַגֵּיפָה (נ)
tyfus (de)	'tifus	טִיפוּס (ז)
tuberculose (de)	fa'xefet	שַׁחֶפֶת (נ)
cholera (de)	ko'lera	כּוֹלֵרָה (נ)
pest (de)	davar	דֶּבֶר (ז)

48. Symptomen. Behandelingen. Deel 1

symptoom (het)	simptom	סִימפּטוֹם (ז)
temperatuur (de)	xom	חוֹם (ז)
verhoogde temperatuur (de)	xom ga'voha	חוֹם גָּבוֹהַּ (ז)
polsslag (de)	'dofek	דּוֹפֶק (ז)
duizeling (de)	sxar'xoret	סְחַרחוֹרֶת (נ)
heet (erg warm)	xam	חַם
koude rillingen (mv.)	tsmar'moret	צְמַרמוֹרֶת (נ)
bleek (bn)	xiver	חִיוֵּר
hoest (de)	fi'ul	שִׁיעוּל (ז)
hoesten (ww)	lehifta'el	לְהִשׁתַּעֵל
niezen (ww)	lehit'atef	לְהִתעַטֵּשׁ
flauwte (de)	ilafon	עִילָפוֹן (ז)

flauwvallen (ww)	lehit'alef	לְהִתְעַלֵּף
blauwe plek (de)	xabura	חַבּוּרָה (נ)
buil (de)	blita	בְּלִיטָה (נ)
zich stoten (ww)	lekabel maka	לְקַבֵּל מַכָּה
kneuzing (de)	maka	מַכָּה (נ)
kneuzen (gekneusd zijn)	lekabel maka	לְקַבֵּל מַכָּה
hinken (ww)	lits'lo'a	לִצְלוֹעַ
verstuiking (de)	'neka	נֶקַע (ז)
verstuiken (enkel, enz.)	lin'ko'a	לִנְקוֹעַ
breuk (de)	'fever	שֶׁבֶר (ז)
een breuk oplopen	lifbor	לִשְׁבּוֹר
snijwond (de)	xatax	חָתָךְ (ז)
zich snijden (ww)	lehixatex	לְהֵיחָתֵךְ
bloeding (de)	dimum	דִּימוּם (ז)
brandwond (de)	kviya	כְּווִיָה (נ)
zich branden (ww)	laxatof kviya	לַחֲטוֹף כְּווִיָה
prikken (ww)	lidkor	לִדְקוֹר
zich prikken (ww)	lehidaker	לְהִידָקֵר
blesseren (ww)	lif'tso'a	לִפְצוֹעַ
blessure (letsel)	ptsi'a	פְּצִיעָה (נ)
wond (de)	'petsa	פֶּצַע (ז)
trauma (het)	'tra'uma	טְרָאוּמָה (נ)
IJlen (ww)	lahazot	לַהֲזוֹת
stotteren (ww)	legamgem	לְגַמְגֵּם
zonnesteek (de)	makat 'femef	מַכַּת שֶׁמֶשׁ (נ)

49. Symptomen. Behandelingen. Deel 2

pijn (de)	ke'ev	כְּאֵב (ז)
splinter (de)	kots	קוֹץ (ז)
zweet (het)	ze'a	זִיעָה (נ)
zweten (ww)	leha'zi'a	לְהַזִּיעַ
braking (de)	haka'a	הָקָאָה (נ)
stuiptrekkingen (mv.)	pirkusim	פִּירְפּוּסִים (ז״ר)
zwanger (bn)	hara	הָרָה
geboren worden (ww)	lehivaled	לְהִיווָלֵד
geboorte (de)	leda	לֵידָה (נ)
baren (ww)	la'ledet	לָלֶדֶת
abortus (de)	hapala	הַפָּלָה (נ)
ademhaling (de)	nefima	נְשִׁימָה (נ)
inademing (de)	fe'ifa	שְׁאִיפָה (נ)
uitademing (de)	nefifa	נְשִׁיפָה (נ)
uitademen (ww)	linfof	לִנְשׁוֹף
inademen (ww)	lifof	לִשְׁאוֹף
invalide (de)	naxe	נָכֶה (ז)
gehandicapte (de)	naxe	נָכֶה (ז)

drugsverslaafde (de)	narkoman	נַרְקוֹמָן (ז)
doof (bn)	xereʃ	חֵירֵשׁ
stom (bn)	ilem	אִילֵם
doofstom (bn)	xereʃ-ilem	חֵירֵשׁ־אִילֵם
krankzinnig (bn)	meʃuga	מְשׁוּגָע
krankzinnige (man)	meʃuga	מְשׁוּגָע (ז)
krankzinnige (vrouw)	meʃu'ga'at	מְשׁוּגַעַת (נ)
krankzinnig worden	lehiʃta'ge'a	לְהִשְׁתַּגֵּעַ
gen (het)	gen	גֵּן (ז)
immuniteit (de)	xasinut	חֲסִינוּת (נ)
erfelijk (bn)	toraʃti	תּוֹרַשְׁתִּי
aangeboren (bn)	mulad	מוּלָד
virus (het)	'virus	וִירוּס (ז)
microbe (de)	xaidak	חַיְידַּק (ז)
bacterie (de)	bak'terya	בַּקְטֵרְיָה (נ)
infectie (de)	zihum	זִיהוּם (ז)

50. Symptomen. Behandelingen. Deel 3

ziekenhuis (het)	beit xolim	בֵּית חוֹלִים (ז)
patiënt (de)	metupal	מְטוּפָּל (ז)
diagnose (de)	avxana	אַבְחָנָה (נ)
genezing (de)	ripui	רִיפּוּי (ז)
medische behandeling (de)	tipul refu'i	טִיפּוּל רְפוּאִי (ז)
onder behandeling zijn	lekabel tipul	לְקַבֵּל טִיפּוּל
behandelen (ww)	letapel be...	לְטַפֵּל בְּ...
zorgen (zieken ~)	letapel be...	לְטַפֵּל בְּ...
ziekenzorg (de)	tipul	טִיפּוּל (ז)
operatie (de)	ni'tuax	נִיתּוּחַ (ז)
verbinden (een arm ~)	laxboʃ	לַחְבּוֹשׁ
verband (het)	xaviʃa	חֲבִישָׁה (נ)
vaccin (het)	xisun	חִיסּוּן (ז)
inenten (vaccineren)	lexasen	לְחַסֵּן
injectie (de)	zrika	זְרִיקָה (נ)
een injectie geven	lehazrik	לְהַזְרִיק
aanval (de)	hetkef	הֶתְקֵף (ז)
amputatie (de)	kti'a	קְטִיעָה (נ)
amputeren (ww)	lik'to'a	לִקְטוֹעַ
coma (het)	tar'demet	תַּרְדֶּמֶת (נ)
in coma liggen	lihyot betar'demet	לִהְיוֹת בְּתַרְדֶּמֶת
intensieve zorg, ICU (de)	tipul nimrats	טִיפּוּל נִמְרָץ (ז)
zich herstellen (ww)	lehaxlim	לְהַחְלִים
toestand (de)	matsav	מַצָּב (ז)
bewustzijn (het)	hakara	הֲכָּרָה (נ)
geheugen (het)	zikaron	זִיכָּרוֹן (ז)
trekken (een kies ~)	la'akor	לַעֲקוֹר

vulling (de)	stima	סְתִימָה (נ)
vullen (ww)	la'asot stima	לַעֲשׂוֹת סְתִימָה
hypnose (de)	hip'noza	הִיפְּנוֹזָה (נ)
hypnotiseren (ww)	lehapnet	לְהַפְנֵט

51. Artsen

dokter, arts (de)	rofe	רוֹפֵא (ז)
ziekenzuster (de)	axot	אָחוֹת (נ)
lijfarts (de)	rofe iʃi	רוֹפֵא אִישִׁי (ז)
tandarts (de)	rofe ʃi'nayim	רוֹפֵא שִׁינַיִים (ז)
oogarts (de)	rofe ei'nayim	רוֹפֵא עֵינַיִים (ז)
therapeut (de)	rofe pnimi	רוֹפֵא פְּנִימִי (ז)
chirurg (de)	kirurg	כִּירוּרג (ז)
psychiater (de)	psixi''ater	פְּסִיכִיאָטֶר (ז)
pediater (de)	rofe yeladim	רוֹפֵא יְלָדִים (ז)
psycholoog (de)	psixolog	פְּסִיכוֹלוֹג (ז)
gynaecoloog (de)	rofe naʃim	רוֹפֵא נָשִׁים (ז)
cardioloog (de)	kardyolog	קַרְדִיוֹלוֹג (ז)

52. Geneeskunde. Medicijnen. Accessoires

geneesmiddel (het)	trufa	תְּרוּפָה (נ)
middel (het)	trufa	תְּרוּפָה (נ)
voorschrijven (ww)	lirʃom	לִרְשׁוֹם
recept (het)	mirʃam	מִרְשָׁם (ז)
tablet (de/het)	kadur	כַּדוּר (ז)
zalf (de)	miʃxa	מִשְׁחָה (נ)
ampul (de)	'ampula	אַמְפּוּלָה (נ)
drank (de)	ta'a'rovet	תַּעֲרוֹבֶת (נ)
siroop (de)	sirop	סִירוֹפּ (ז)
pil (de)	gluya	גְלוּיָה (נ)
poeder (de/het)	avka	אַבְקָה (נ)
verband (het)	tax'boʃet 'gaza	תַחְבּוֹשֶׁת גָאזָה (נ)
watten (mv.)	'tsemer 'gefen	צֶמֶר גֶפֶן (ז)
jodium (het)	yod	יוֹד (ז)
pleister (de)	'plaster	פְּלַסְטֶר (ז)
pipet (de)	taf'tefet	טַפְטֶפֶת (נ)
thermometer (de)	madxom	מַדְחוֹם (ז)
spuit (de)	mazrek	מַזְרֵק (ז)
rolstoel (de)	kise galgalim	כִּיסֵא גַלְגַלִים (ז)
krukken (mv.)	ka'bayim	קַבַּיִים (ז"ר)
pijnstiller (de)	meʃakex ke'evim	מְשַׁכֵּךְ כְּאֵבִים (ז)
laxeermiddel (het)	trufa meʃal'ʃelet	תְּרוּפָה מְשַׁלְשֶׁלֶת (נ)

spiritus (de)	'kohal	כּוֹהַל (ז)
medicinale kruiden (mv.)	isvei marpe	עִשְׂבֵי מַרְפֵּא (ז״ר)
kruiden- (abn)	ʃel asavim	שֶׁל עֲשָׂבִים

HET MENSELIJKE LEEFGEBIED

Stad

53. Stad. Het leven in de stad

Nederlands	Transliteratie	Hebreeuws
stad (de)	ir	עִיר (ז)
hoofdstad (de)	ir bira	עִיר בִּירָה (ז)
dorp (het)	kfar	כְּפָר (ז)
plattegrond (de)	mapat ha'ir	מַפַּת הָעִיר (ז)
centrum (ov. een stad)	merkaz ha'ir	מֶרְכַּז הָעִיר (ז)
voorstad (de)	parvar	פַּרְוָר (ז)
voorstads- (abn)	parvari	פַּרְוָרִי
randgemeente (de)	parvar	פַּרְוָר (ז)
omgeving (de)	svivot	סְבִיבוֹת (נ״ר)
blok (huizenblok)	ʃxuna	שְׁכוּנָה (נ)
woonwijk (de)	ʃxunat megurim	שְׁכוּנַת מְגוּרִים (נ)
verkeer (het)	tnu'a	תְּנוּעָה (נ)
verkeerslicht (het)	ramzor	רַמְזוֹר (ז)
openbaar vervoer (het)	taxbura tsiburit	תַּחְבּוּרָה צִיבּוּרִית (נ)
kruispunt (het)	'tsomet	צוֹמֶת (ז)
zebrapad (oversteekplaats)	ma'avar xatsaya	מַעֲבַר חֲצָיָה (ז)
onderdoorgang (de)	ma'avar tat karka'i	מַעֲבַר תַּת־קַרְקָעִי (ז)
oversteken (de straat ~)	laxatsot	לַחֲצוֹת
voetganger (de)	holex 'regel	הוֹלֵךְ רֶגֶל (ז)
trottoir (het)	midraxa	מִדְרָכָה (נ)
brug (de)	'geʃer	גֶּשֶׁר (ז)
dijk (de)	ta'yelet	טַיֶּילֶת (נ)
fontein (de)	mizraka	מִזְרָקָה (נ)
allee (de)	sdera	שְׂדֵרָה (נ)
park (het)	park	פַּארְק (ז)
boulevard (de)	sdera	שְׂדֵרָה (נ)
plein (het)	kikar	כִּיכָּר (נ)
laan (de)	rexov raʃi	רְחוֹב רָאשִׁי (ז)
straat (de)	rexov	רְחוֹב (ז)
zijstraat (de)	simta	סִמְטָה (נ)
doodlopende straat (de)	mavoi satum	מָבוֹי סָתוּם (ז)
huis (het)	'bayit	בַּיִת (ז)
gebouw (het)	binyan	בִּנְיָן (ז)
wolkenkrabber (de)	gored ʃxakim	גּוֹרֵד שְׁחָקִים (ז)
gevel (de)	xazit	חָזִית (נ)
dak (het)	gag	גַּג (ז)

venster (het)	χalon	חַלּוֹן (ז)
boog (de)	'keʃet	קֶשֶׁת (נ)
pilaar (de)	amud	עַמּוּד (ז)
hoek (ov. een gebouw)	pina	פִּינָה (נ)
vitrine (de)	χalon ra'ava	חַלּוֹן רַאֲוָה (ז)
gevelreclame (de)	'ʃelet	שֶׁלֶט (ז)
affiche (de/het)	kraza	כְּרָזָה (נ)
reclameposter (de)	'poster	פּוֹסְטֶר (ז)
aanplakbord (het)	'luaχ pirsum	לוּחַ פִּרְסוּם (ז)
vuilnis (de/het)	'zevel	זֶבֶל (ז)
vuilnisbak (de)	paχ aʃpa	פַּח אַשְׁפָּה (ז)
afval weggooien (ww)	lelaχleχ	לְלַכְלֵךְ
stortplaats (de)	mizbala	מִזְבָּלָה (נ)
telefooncel (de)	ta 'telefon	תָּא טֶלֶפוֹן (ז)
straatlicht (het)	amud panas	עַמּוּד פָּנָס (ז)
bank (de)	safsal	סַפְסָל (ז)
politieagent (de)	ʃoter	שׁוֹטֵר (ז)
politie (de)	miʃtara	מִשְׁטָרָה (נ)
zwerver (de)	kabtsan	קַבְּצָן (ז)
dakloze (de)	χasar 'bayit	חֲסַר בַּיִת (ז)

54. Stedelijke instellingen

winkel (de)	χanut	חֲנוּת (נ)
apotheek (de)	beit mir'kaχat	בֵּית מִרְקַחַת (ז)
optiek (de)	χanut miʃka'fayim	חֲנוּת מִשְׁקָפַיִם (נ)
winkelcentrum (het)	kanyon	קַנְיוֹן (ז)
supermarkt (de)	super'market	סוּפֶּרְמַרְקֶט (ז)
bakkerij (de)	ma'afiya	מַאֲפִיָּה (נ)
bakker (de)	ofe	אוֹפֶה (ז)
banketbakkerij (de)	χanut mamtakim	חֲנוּת מַמְתַּקִים (נ)
kruidenier (de)	ma'kolet	מַכֹּלֶת (נ)
slagerij (de)	itliz	אִטְלִיז (ז)
groentewinkel (de)	χanut perot viyerakot	חֲנוּת פֵּירוֹת וִיְרָקוֹת (נ)
markt (de)	ʃuk	שׁוּק (ז)
koffiehuis (het)	beit kafe	בֵּית קָפֶה (ז)
restaurant (het)	misʻada	מִסְעָדָה (נ)
bar (de)	pab	פָּאבּ (ז)
pizzeria (de)	pi'tseriya	פִּיצֶּרְיָה (נ)
kapperssalon (de/het)	mispara	מִסְפָּרָה (נ)
postkantoor (het)	'do'ar	דּוֹאַר (ז)
stomerij (de)	nikui yaveʃ	נִיקוּי יָבֵשׁ (ז)
fotostudio (de)	'studyo letsilum	סְטוּדְיוֹ לְצִילוּם (ז)
schoenwinkel (de)	χanut na'a'layim	חֲנוּת נַעֲלַיִים (נ)
boekhandel (de)	χanut sfarim	חֲנוּת סְפָרִים (נ)

sportwinkel (de)	χanut sport	חֲנוּת סְפּוֹרְט (נ)
kledingreparatie (de)	χanut tikun bgadim	חֲנוּת תִּיקוּן בְּגָדִים (נ)
kledingverhuur (de)	χanut haskarat bgadim	חֲנוּת הַשְׂכָּרַת בְּגָדִים (נ)
videotheek (de)	χanut haʃalat sratim	חֲנוּת הַשְׁאָלַת סְרָטִים (נ)
circus (de/het)	kirkas	קִרְקָס (ז)
dierentuin (de)	gan hayot	גַּן חַיּוֹת (ז)
bioscoop (de)	kol'noʻa	קוֹלְנוֹעַ (ז)
museum (het)	muze'on	מוּזֵיאוֹן (ז)
bibliotheek (de)	sifriya	סִפְרִיָּה (נ)
theater (het)	te'atron	תֵּיאַטְרוֹן (ז)
opera (de)	beit 'opera	בֵּית אוֹפֶּרָה (ז)
nachtclub (de)	moʻadon 'laila	מוֹעֲדוֹן לַיְלָה (ז)
casino (het)	ka'zino	קָזִינוֹ (ז)
moskee (de)	misgad	מִסְגָּד (ז)
synagoge (de)	beit 'kneset	בֵּית כְּנֶסֶת (ז)
kathedraal (de)	kated'rala	קָתֶדְרָלָה (נ)
tempel (de)	mikdaʃ	מִקְדָּשׁ (ז)
kerk (de)	knesiya	כְּנֵסִיָּה (נ)
instituut (het)	miχlala	מִכְלָלָה (נ)
universiteit (de)	uni'versita	אוּנִיבֶּרְסִיטָה (נ)
school (de)	beit 'sefer	בֵּית סֵפֶר (ז)
gemeentehuis (het)	maχoz	מָחוֹז (ז)
stadhuis (het)	iriya	עִירִיָּה (נ)
hotel (het)	beit malon	בֵּית מָלוֹן (ז)
bank (de)	bank	בַּנְק (ז)
ambassade (de)	ʃagrirut	שַׁגְרִירוּת (נ)
reisbureau (het)	soχnut nesiʻot	סוֹכְנוּת נְסִיעוֹת (נ)
informatieloket (het)	modiʻin	מוֹדִיעִין (ז)
wisselkantoor (het)	misrad hamarat mat'beʻa	מִשְׂרַד הֲמָרַת מַטְבֵּעַ (ז)
metro (de)	ra'kevet taχtit	רַכֶּבֶת תַּחְתִּית (נ)
ziekenhuis (het)	beit χolim	בֵּית חוֹלִים (ז)
benzinestation (het)	taχanat 'delek	תַּחֲנַת דֶּלֶק (נ)
parking (de)	migraʃ χanaya	מִגְרַשׁ חֲנָיָה (ז)

55. Borden

gevelreclame (de)	ʃelet	שֶׁלֶט (ז)
opschrift (het)	moda'a	מוֹדָעָה (נ)
poster (de)	'poster	פּוֹסְטֶר (ז)
wegwijzer (de)	tamrur	תַּמְרוּר (ז)
pijl (de)	χets	חֵץ (ז)
waarschuwing (verwittiging)	azhara	אַזְהָרָה (נ)
waarschuwingsbord (het)	ʃelet azhara	שֶׁלֶט אַזְהָרָה (ז)
waarschuwen (ww)	lehazhir	לְהַזְהִיר
vrije dag (de)	yom 'χofeʃ	יוֹם חוֹפֶשׁ (ז)

dienstregeling (de)	luax zmanim	לוּחַ זְמַנִּים (ז)
openingsuren (mv.)	ʃa'ot avoda	שְׁעוֹת עֲבוֹדָה (נ"ר)
WELKOM!	bruxim haba'im!	בְּרוּכִים הַבָּאִים!
INGANG	knisa	כְּנִיסָה
UITGANG	yetsi'a	יְצִיאָה
DUWEN	dxof	דְּחוֹף
TREKKEN	mʃox	מְשׁוֹךְ
OPEN	pa'tuax	פָּתוּחַ
GESLOTEN	sagur	סָגוּר
DAMES	lenaʃim	לְנָשִׁים
HEREN	legvarim	לִגְבָרִים
KORTING	hanaxot	הֲנָחוֹת
UITVERKOOP	mivtsa	מִבְצָע
NIEUW!	xadaʃ!	חָדָשׁ!
GRATIS	xinam	חִינָם
PAS OP!	sim lev!	שִׂים לֵב!
VOLGEBOEKT	ein makom panui	אֵין מָקוֹם פָּנוּי
GERESERVEERD	ʃamur	שָׁמוּר
ADMINISTRATIE	hanhala	הַנְהָלָה
ALLEEN VOOR PERSONEEL	le'ovdim bilvad	לְעוֹבְדִים בִּלְבַד
GEVAARLIJKE HOND	zehirut 'kelev noʃex!	זְהִירוּת, כֶּלֶב נוֹשֵׁךְ!
VERBODEN TE ROKEN!	asur le'aʃen!	אָסוּר לְעַשֵּׁן!
NIET AANRAKEN!	lo lagaat!	לֹא לָגַעַת!
GEVAARLIJK	mesukan	מְסוּכָּן
GEVAAR	sakana	סַכָּנָה
HOOGSPANNING	'metax ga'voha	מֶתַח גָּבוֹהַּ
VERBODEN TE ZWEMMEN	haraxatsa asura!	הָרַחָצָה אֲסוּרָה!
BUITEN GEBRUIK	lo oved	לֹא עוֹבֵד
ONTVLAMBAAR	dalik	דָּלִיק
VERBODEN	asur	אָסוּר
DOORGANG VERBODEN	asur la'avor	אָסוּר לַעֲבוֹר
OPGELET PAS GEVERFD	'tseva lax	צֶבַע לַח

56. Stedelijk vervoer

bus, autobus (de)	'otobus	אוֹטוֹבּוּס (ז)
tram (de)	ra'kevet kala	רַכֶּבֶת קַלָּה (נ)
trolleybus (de)	tro'leibus	טְרוֹלֵייבּוּס (ז)
route (de)	maslul	מַסְלוּל (ז)
nummer (busnummer, enz.)	mispar	מִסְפָּר (ז)
rijden met ...	lin'so'a be...	לִנְסוֹעַ בְּ...
stappen (in de bus ~)	la'alot	לַעֲלוֹת
afstappen (ww)	la'redet mi...	לָרֶדֶת מִ...

halte (de)	taxana	תַּחֲנָה (נ)
volgende halte (de)	hataxana haba'a	הַתַּחֲנָה הַבָּאָה (נ)
eindpunt (het)	hataxana ha'axrona	הַתַּחֲנָה הָאַחֲרוֹנָה (נ)
dienstregeling (de)	'luax zmanim	לוּחַ זְמַנִּים (ז)
wachten (ww)	lehamtin	לְהַמְתִּין
kaartje (het)	kartis	כַּרְטִיס (ז)
reiskosten (de)	mexir hanesiya	מְחִיר הַנְּסִיעָה (ז)
kassier (de)	kupai	קוּפַּאי (ז)
kaartcontrole (de)	bi'koret kartisim	בִּיקוֹרֶת כַּרְטִיסִים (נ)
controleur (de)	mevaker	מְבַקֵּר (ז)
te laat zijn (ww)	le'axer	לְאַחֵר
missen (de bus ~)	lefasfes	לְפַסְפֵס
zich haasten (ww)	lemaher	לְמַהֵר
taxi (de)	monit	מוֹנִית (נ)
taxichauffeur (de)	nahag monit	נֶהַג מוֹנִית (ז)
met de taxi (bw)	bemonit	בְּמוֹנִית
taxistandplaats (de)	taxanat moniyot	תַּחֲנַת מוֹנִיּוֹת (נ)
een taxi bestellen	lehazmin monit	לְהַזְמִין מוֹנִית
een taxi nemen	la'kaxat monit	לָקַחַת מוֹנִית
verkeer (het)	tnu'a	תְּנוּעָה (נ)
file (de)	pkak	פְּקָק (ז)
spitsuur (het)	ʃa'ot 'omes	שְׁעוֹת עוֹמֶס (נ״ר)
parkeren (on.ww.)	laxanot	לַחֲנוֹת
parkeren (ov.ww.)	lehaxnot	לְהַחֲנוֹת
parking (de)	xanaya	חֲנָיָה (נ)
metro (de)	ra'kevet taxtit	רַכֶּבֶת תַּחְתִּית (נ)
halte (bijv. kleine treinhalte)	taxana	תַּחֲנָה (נ)
de metro nemen	lin'so'a betaxtit	לִנְסוֹעַ בְּתַחְתִּית
trein (de)	ra'kevet	רַכֶּבֶת (נ)
station (treinstation)	taxanat ra'kevet	תַּחֲנַת רַכֶּבֶת (נ)

57. Bezienswaardigheden

monument (het)	an'darta	אַנְדַּרְטָה (נ)
vesting (de)	mivtsar	מִבְצָר (ז)
paleis (het)	armon	אַרְמוֹן (ז)
kasteel (het)	tira	טִירָה (נ)
toren (de)	migdal	מִגְדָּל (ז)
mausoleum (het)	ma'uzo'le'um	מָאוּזוֹלֵיאוּם (ז)
architectuur (de)	adrixalut	אַדְרִיכָלוּת (נ)
middeleeuws (bn)	benaimi	בֵּינַיימִי
oud (bn)	atik	עַתִּיק
nationaal (bn)	le'umi	לְאוּמִי
bekend (bn)	mefursam	מְפוּרְסָם
toerist (de)	tayar	תַּיָּיר (ז)
gids (de)	madrix tiyulim	מַדְרִיךְ טִיּוּלִים (ז)

rondleiding (de)	tiyul	טִיוּל (ז)
tonen (ww)	lehar'ot	לְהַרְאוֹת
vertellen (ww)	lesaper	לְסַפֵּר
vinden (ww)	limtso	לִמְצוֹא
verdwalen (de weg kwijt zijn)	la'leχet le'ibud	לָלֶכֶת לְאִיבּוּד
plattegrond (~ van de metro)	mapa	מַפָּה (נ)
plattegrond (~ van de stad)	tarʃim	תַרְשִׁים (ז)
souvenir (het)	maz'keret	מַזְכֶּרֶת (נ)
souvenirwinkel (de)	χanut matanot	חֲנוּת מַתָּנוֹת (נ)
een foto maken (ww)	letsalem	לְצַלֵם
zich laten fotograferen	lehitstalem	לְהִצְטַלֵם

58. Winkelen

kopen (ww)	liknot	לִקְנוֹת
aankoop (de)	kniya	קְנִיָה (נ)
winkelen (ww)	la'leχet lekniyot	לָלֶכֶת לִקְנִיוֹת
winkelen (het)	ariχat kniyot	עֲרִיכַת קְנִיוֹת (נ)
open zijn (ov. een winkel, enz.)	pa'tuaχ	פָּתוּחַ
gesloten zijn (ww)	sagur	סָגוּר
schoeisel (het)	na'a'layim	נַעֲלַיִם (נ״ר)
kleren (mv.)	bgadim	בְּגָדִים (ז״ר)
cosmetica (de)	tamrukim	תַמְרוּקִים (ז״ר)
voedingswaren (mv.)	mutsrei mazon	מוּצְרֵי מָזוֹן (ז״ר)
geschenk (het)	matana	מַתָּנָה (נ)
verkoper (de)	moχer	מוֹכֵר (ז)
verkoopster (de)	mo'χeret	מוֹכֶרֶת (נ)
kassa (de)	kupa	קוּפָּה (נ)
spiegel (de)	mar'a	מַרְאָה (נ)
toonbank (de)	duχan	דוּכָן (ז)
paskamer (de)	'χeder halbaʃa	חֲדַר הַלְבָּשָׁה (ז)
aanpassen (ww)	limdod	לִמְדוֹד
passen (ov. kleren)	lehat'im	לְהַתְאִים
bevallen (prettig vinden)	limtso χen be'ei'nayim	לִמְצוֹא חֵן בְּעֵינַיִם
prijs (de)	meχir	מְחִיר (ז)
prijskaartje (het)	tag meχir	תַג מְחִיר (ז)
kosten (ww)	la'alot	לַעֲלוֹת
Hoeveel?	'kama?	כַּמָה?
korting (de)	hanaχa	הֲנָחָה (נ)
niet duur (bn)	lo yakar	לֹא יָקָר
goedkoop (bn)	zol	זוֹל
duur (bn)	yakar	יָקָר
Dat is duur.	ze yakar	זֶה יָקָר
verhuur (de)	haskara	הַשְׂכָּרָה (נ)

huren (smoking, enz.)	liskor	לִשְׂכּוֹר
krediet (het)	aʃrai	אַשְׁרַאי (ז)
op krediet (bw)	be'aʃrai	בְּאַשְׁרַאי

59. Geld

geld (het)	'kesef	כֶּסֶף (ז)
ruil (de)	hamara	הֲמָרָה (נ)
koers (de)	'ʃa'ar χalifin	שַׁעַר חֲלִיפִין (ז)
geldautomaat (de)	kaspomat	כַּסְפּוֹמָט (ז)
muntstuk (de)	mat'be'a	מַטְבֵּעַ (ז)

| dollar (de) | 'dolar | דּוֹלָר (ז) |
| euro (de) | 'eiro | אֵירוֹ (ז) |

lire (de)	'lira	לִירָה (נ)
Duitse mark (de)	mark germani	מַרְק גֶּרְמָנִי (ז)
frank (de)	frank	פְרַנְק (ז)
pond sterling (het)	'lira 'sterling	לִירָה שְׁטֶרְלִינְג (נ)
yen (de)	yen	יֶן (ז)

schuld (geldbedrag)	χov	חוֹב (ז)
schuldenaar (de)	'ba'al χov	בַּעַל חוֹב (ז)
uitlenen (ww)	lehalvot	לְהַלְווֹת
lenen (geld ~)	lilvot	לִלְווֹת

bank (de)	bank	בַּנְק (ז)
bankrekening (de)	χeʃbon	חֶשְׁבּוֹן (ז)
storten (ww)	lehafkid	לְהַפְקִיד
op rekening storten	lehafkid leχeʃbon	לְהַפְקִיד לְחֶשְׁבּוֹן
opnemen (ww)	limʃoχ meχeʃbon	לִמְשׁוֹךְ מֵחֶשְׁבּוֹן

kredietkaart (de)	kartis aʃrai	כַּרְטִיס אַשְׁרַאי (ז)
baar geld (het)	mezuman	מְזוּמָן (ז)
cheque (de)	tʃek	צֶ'ק (ז)
een cheque uitschrijven	liχtov tʃek	לִכְתּוֹב צֶ'ק
chequeboekje (het)	pinkas 'tʃekim	פִּנְקַס צֶ'קִים (ז)

portefeuille (de)	arnak	אַרְנָק (ז)
geldbeugel (de)	arnak lematbe''ot	אַרְנָק לְמַטְבְּעוֹת (ז)
safe (de)	ka'sefet	כַּסֶּפֶת (נ)

erfgenaam (de)	yoreʃ	יוֹרֵשׁ (ז)
erfenis (de)	yeruʃa	יְרוּשָׁה (נ)
fortuin (het)	'oʃer	עוֹשֶׁר (ז)

huur (de)	χoze sχirut	חוֹזֵה שְׂכִירוּת (ז)
huurprijs (de)	sχar dira	שְׂכַר דִּירָה (ז)
huren (huis, kamer)	liskor	לִשְׂכּוֹר

prijs (de)	meχir	מְחִיר (ז)
kostprijs (de)	alut	עֲלוּת (נ)
som (de)	sχum	סְכוּם (ז)
uitgeven (geld besteden)	lehotsi	לְהוֹצִיא

kosten (mv.)	hotsa'ot	הוֹצָאוֹת (נ״ר)
bezuinigen (ww)	laxasox	לַחֲסוֹךְ
zuinig (bn)	xesxoni	חִסְכוֹנִי

betalen (ww)	lefalem	לְשַׁלֵּם
betaling (de)	taflum	תַּשְׁלוּם (ז)
wisselgeld (het)	'odef	עוֹדֶף (ז)

belasting (de)	mas	מַס (ז)
boete (de)	knas	קְנָס (ז)
beboeten (bekeuren)	liknos	לִקְנוֹס

60. Post. Postkantoor

postkantoor (het)	'do'ar	דוֹאַר (ז)
post (de)	'do'ar	דוֹאַר (ז)
postbode (de)	davar	דַּוָּר (ז)
openingsuren (mv.)	ʃa'ot avoda	שְׁעוֹת עֲבוֹדָה (נ״ר)

brief (de)	mixtav	מִכְתָּב (ז)
aangetekende brief (de)	mixtav raʃum	מִכְתָּב רָשׁוּם (ז)
briefkaart (de)	gluya	גְּלוּיָה (נ)
telegram (het)	mivrak	מִבְרָק (ז)
postpakket (het)	xavila	חֲבִילָה (נ)
overschrijving (de)	ha'avarat ksafim	הַעֲבָרַת כְּסָפִים (נ)

ontvangen (ww)	lekabel	לְקַבֵּל
sturen (zenden)	liʃ'loax	לִשְׁלוֹחַ
verzending (de)	ʃlixa	שְׁלִיחָה (נ)

adres (het)	'ktovet	כְּתוֹבֶת (נ)
postcode (de)	mikud	מִיקוּד (ז)
verzender (de)	ʃo'leax	שׁוֹלֵחַ (ז)
ontvanger (de)	nim'an	נִמְעָן (ז)

| naam (de) | ʃem prati | שֵׁם פְּרָטִי (ז) |
| achternaam (de) | ʃem miʃpaxa | שֵׁם מִשְׁפָּחָה (ז) |

tarief (het)	ta'arif	תַּעֲרִיף (ז)
standaard (bn)	ragil	רָגִיל
zuinig (bn)	xesxoni	חִסְכוֹנִי

gewicht (het)	miʃkal	מִשְׁקָל (ז)
afwegen (op de weegschaal)	liʃkol	לִשְׁקוֹל
envelop (de)	ma'atafa	מַעֲטָפָה (נ)
postzegel (de)	bul 'do'ar	בּוּל דּוֹאַר (ז)
een postzegel plakken op	lehadbik bul	לְהַדְבִּיק בּוּל

Woning. Huis. Thuis

61. Huis. Elektriciteit

elektriciteit (de)	xaʃmal	חַשְׁמַל (ז)
lamp (de)	nura	נוּרָה (נ)
schakelaar (de)	'meteg	מֶתֶג (ז)
zekering (de)	natix	נָתִיךְ (ז)
draad (de)	xut	חוּט (ז)
bedrading (de)	xivut	חִיווּט (ז)
elektriciteitsmeter (de)	mone xaʃmal	מוֹנֶה חַשְׁמַל (ז)
gegevens (mv.)	kri'a	קְרִיאָה (נ)

62. Villa. Herenhuis

landhuisje (het)	'bayit bakfar	בַּיִת בַּכְּפָר (ז)
villa (de)	'vila	וִילָה (נ)
vleugel (de)	agaf	אֲגַף (ז)
tuin (de)	gan	גַן (ז)
park (het)	park	פַּארְק (ז)
oranjerie (de)	xamama	חֲמָמָה (נ)
onderhouden (tuin, enz.)	legadel	לְגַדֵל
zwembad (het)	breχat sχiya	בְּרֵיכַת שְׂחִייָה (נ)
gym (het)	'xeder 'koʃer	חֶדֶר כּוֹשֶׁר (ז)
tennisveld (het)	migraʃ 'tenis	מִגְרַשׁ טֶנִיס (ז)
bioscoopkamer (de)	'xeder hakrana beiti	חֶדֶר הַקְרָנָה בֵּיתִי (ז)
garage (de)	musax	מוּסָךְ (ז)
privé-eigendom (het)	rexuʃ prati	רְכוּש פְּרָטִי (ז)
eigen terrein (het)	ʃetax prati	שֶׁטַח פְּרָטִי (ז)
waarschuwing (de)	azhara	אַזְהָרָה (נ)
waarschuwingsbord (het)	'ʃelet azhara	שֶׁלֶט אַזְהָרָה (ז)
bewaking (de)	avtaxa	אַבְטָחָה (נ)
bewaker (de)	ʃomer	שׁוֹמֵר (ז)
inbraakalarm (het)	ma'a'rexet az'aka	מַעֲרֶכֶת אַזְעָקָה (נ)

63. Appartement

appartement (het)	dira	דִירָה (נ)
kamer (de)	'xeder	חֶדֶר (ז)
slaapkamer (de)	xadar ʃena	חֲדַר שֵׁינָה (ז)

eetkamer (de)	pinat 'oxel	פִּינַת אוֹכֶל (נ)
salon (de)	salon	סָלוֹן (ז)
studeerkamer (de)	xadar avoda	חֲדַר עֲבוֹדָה (ז)
gang (de)	prozdor	פְּרוֹזדוֹר (ז)
badkamer (de)	xadar am'batya	חֲדַר אַמבַּטיָה (ז)
toilet (het)	ʃerutim	שֵׁירוּתִים (ז"ר)
plafond (het)	tikra	תִּקרָה (נ)
vloer (de)	ritspa	רִצפָּה (נ)
hoek (de)	pina	פִּינָה (נ)

64. Meubels. Interieur

meubels (mv.)	rehitim	רָהִיטִים (ז"ר)
tafel (de)	ʃulxan	שׁוּלחָן (ז)
stoel (de)	kise	כִּסֵּא (ז)
bed (het)	mita	מִיטָה (נ)
bankstel (het)	sapa	סַפָּה (נ)
fauteuil (de)	kursa	כּוּרסָה (נ)
boekenkast (de)	aron sfarim	אָרוֹן סְפָרִים (ז)
boekenrek (het)	madaf	מַדָף (ז)
kledingkast (de)	aron bgadim	אָרוֹן בְּגָדִים (ז)
kapstok (de)	mitle	מִתלֶה (ז)
staande kapstok (de)	mitle	מִתלֶה (ז)
commode (de)	ʃida	שִׁידָה (נ)
salontafeltje (het)	ʃulxan itonim	שׁוּלחַן עִיתוֹנִים (ז)
spiegel (de)	mar'a	מַרְאָה (נ)
tapijt (het)	ʃa'tiax	שָׁטִיחַ (ז)
tapijtje (het)	ʃa'tiax	שָׁטִיחַ (ז)
haard (de)	ax	אָח (נ)
kaars (de)	ner	נֵר (ז)
kandelaar (de)	pamot	פָּמוֹט (ז)
gordijnen (mv.)	vilonot	וִילוֹנוֹת (ז"ר)
behang (het)	tapet	טַפֵּט (ז)
jaloezie (de)	trisim	תרִיסִים (ז"ר)
bureaulamp (de)	menorat ʃulxan	מְנוֹרַת שׁוּלחָן (נ)
wandlamp (de)	menorat kir	מְנוֹרַת קִיר (נ)
staande lamp (de)	menora o'medet	מְנוֹרָה עוֹמֶדֶת (נ)
luchter (de)	niv'reʃet	נִברֶשֶׁת (נ)
poot (ov. een tafel, enz.)	'regel	רֶגֶל (נ)
armleuning (de)	miʃ"enet yad	מִשׁעֶנֶת יָד (נ)
rugleuning (de)	miʃ"enet	מִשׁעֶנֶת (נ)
la (de)	megera	מְגֵירָה (נ)

65. Beddengoed

beddengoed (het)	matsa'im	מַצָּעִים (ז״ר)
kussen (het)	karit	כָּרִית (נ)
kussenovertrek (de)	tsipit	צִיפִית (נ)
deken (de)	smixa	שְׂמִיכָה (נ)
laken (het)	sadin	סָדִין (ז)
sprei (de)	kisui mita	כִּיסוּי מִיטָה (ז)

66. Keuken

keuken (de)	mitbax	מִטְבָּח (ז)
gas (het)	gaz	גָּז (ז)
gasfornuis (het)	tanur gaz	תַּנּוּר גָּז (ז)
elektrisch fornuis (het)	tanur xaʃmali	תַּנּוּר חַשְׁמַלִּי (ז)
oven (de)	tanur afiya	תַּנּוּר אֲפִיָּה (ז)
magnetronoven (de)	mikrogal	מִיקְרוֹגַל (ז)
koelkast (de)	mekarer	מְקָרֵר (ז)
diepvriezer (de)	makpi	מַקְפִּיא (ז)
vaatwasmachine (de)	me'diax kelim	מֵדִיחַ כֵּלִים (ז)
vleesmolen (de)	matxenat basar	מַטְחֲנַת בָּשָׂר (נ)
vruchtenpers (de)	masxeta	מַסְחֵטָה (נ)
toaster (de)	'toster	טוֹסְטֶר (ז)
mixer (de)	'mikser	מִיקְסֶר (ז)
koffiemachine (de)	mexonat kafe	מְכוֹנַת קָפֶה (נ)
koffiepot (de)	findʒan	פִינְגּ׳אָן (ז)
koffiemolen (de)	matxenat kafe	מַטְחֲנַת קָפֶה (נ)
fluitketel (de)	kumkum	קוּמְקוּם (ז)
theepot (de)	kumkum	קוּמְקוּם (ז)
deksel (de/het)	mixse	מִכְסֶה (ז)
theezeefje (het)	mis'nenet te	מְסַנֶּנֶת תֵּה (נ)
lepel (de)	kaf	כַּף (נ)
theelepeltje (het)	kapit	כַּפִּית (נ)
eetlepel (de)	kaf	כַּף (נ)
vork (de)	mazleg	מַזְלֵג (ז)
mes (het)	sakin	סַכִּין (ז, נ)
vaatwerk (het)	kelim	כֵּלִים (ז״ר)
bord (het)	tsa'laxat	צַלַּחַת (נ)
schoteltje (het)	taxtit	תַּחְתִּית (נ)
likeurglas (het)	kosit	כּוֹסִית (נ)
glas (het)	kos	כּוֹס (נ)
kopje (het)	'sefel	סֵפֶל (ז)
suikerpot (de)	mis'keret	מִסְכֶּרֶת (נ)
zoutvat (het)	milxiya	מִלְחִיָּה (נ)
pepervat (het)	pilpeliya	פִּלְפְּלִיָּה (נ)

boterschaaltje (het)	maxame'a	מַחֲמָאָה (ז)
steelpan (de)	sir	סִיר (ז)
bakpan (de)	maxvat	מַחֲבַת (נ)
pollepel (de)	tarvad	תַּרְוָד (ז)
vergiet (de/het)	mis'nenet	מְסַנֶּנֶת (נ)
dienblad (het)	magaʃ	מַגָּשׁ (ז)
fles (de)	bakbuk	בַּקְבּוּק (ז)
glazen pot (de)	tsin'tsenet	צִנְצֶנֶת (נ)
blik (conserven~)	paxit	פַּחִית (נ)
flesopener (de)	potxan bakbukim	פּוֹתְחָן בַּקְבּוּקִים (ז)
blikopener (de)	potxan kufsa'ot	פּוֹתְחָן קוּפְסָאוֹת (ז)
kurkentrekker (de)	maxlets	מַחְלֵץ (ז)
filter (de/het)	'filter	פִילְטֶר (ז)
filteren (ww)	lesanen	לְסַנֵּן
huisvuil (het)	'zevel	זֶבֶל (ז)
vuilnisemmer (de)	pax 'zevel	פַּח זֶבֶל (ז)

67. Badkamer

badkamer (de)	xadar am'batya	חֲדַר אַמְבַּטְיָה (ז)
water (het)	'mayim	מַיִם (ז״ר)
kraan (de)	'berez	בֶּרֶז (ז)
warm water (het)	'mayim xamim	מַיִם חַמִּים (ז״ר)
koud water (het)	'mayim karim	מַיִם קָרִים (ז״ר)
tandpasta (de)	miʃxat ʃi'nayim	מִשְׁחַת שִׁינַיִם (נ)
tanden poetsen (ww)	letsax'tseax ʃi'nayim	לְצַחְצֵחַ שִׁינַיִם
tandenborstel (de)	miv'reʃet ʃi'nayim	מִבְרֶשֶׁת שִׁינַיִם (נ)
zich scheren (ww)	lehitga'leax	לְהִתְגַּלֵּחַ
scheercrème (de)	'ketsef gi'luax	קֶצֶף גִּילּוּחַ (ז)
scheermes (het)	'ta'ar	תַּעַר (ז)
wassen (ww)	liʃtof	לִשְׁטוֹף
een bad nemen	lehitraxets	לְהִתְרַחֵץ
douche (de)	mik'laxat	מִקְלַחַת (נ)
een douche nemen	lehitka'leax	לְהִתְקַלֵּחַ
bad (het)	am'batya	אַמְבַּטְיָה (נ)
toiletpot (de)	asla	אַסְלָה (נ)
wastafel (de)	kiyor	כִּיּוֹר (ז)
zeep (de)	sabon	סַבּוֹן (ז)
zeepbakje (het)	saboniya	סַבּוֹנִיָּיה (נ)
spons (de)	sfog 'lifa	סְפוֹג לִיפָה (ז)
shampoo (de)	ʃampu	שַׁמְפּוּ (ז)
handdoek (de)	ma'gevet	מַגֶּבֶת (נ)
badjas (de)	xaluk raxatsa	חָלוּק רַחְצָה (ז)
was (bijv. handwas)	kvisa	כְּבִיסָה (נ)
wasmachine (de)	mexonat kvisa	מְכוֹנַת כְּבִיסָה (נ)

de was doen	leχabes	לְכַבֵּס
waspoeder (de)	avkat kvisa	אַבְקַת כְּבִיסָה (נ)

68. Huishoudelijke apparaten

televisie (de)	tele'vizya	טֶלֶוִיזְיָה (נ)
cassettespeler (de)	teip	טֵייפּ (ז)
videorecorder (de)	maχſir 'vide'o	מַכְשִׁיר וִידֵאוֹ (ז)
radio (de)	'radyo	רַדְיוֹ (ז)
speler (de)	nagan	נַגָּן (ז)
videoprojector (de)	makren	מַקְרֵן (ז)
home theater systeem (het)	kol'no'a beiti	קוֹלְנוֹעַ בֵּיתִי (ז)
DVD-speler (de)	nagan dividi	נַגָּן DVD (ז)
versterker (de)	magber	מַגְבֵּר (ז)
spelconsole (de)	maχſir plei'steiſen	מַכְשִׁיר פְּלֵייסְטֵיישֶׁן (ז)
videocamera (de)	matslemat 'vide'o	מַצְלֵמַת וִידֵאוֹ (נ)
fotocamera (de)	matslema	מַצְלֵמָה (נ)
digitale camera (de)	matslema digi'talit	מַצְלֵמָה דִיגִיטָלִית (נ)
stofzuiger (de)	ſo'ev avak	שׁוֹאֵב אָבָק (ז)
strijkijzer (het)	maghets	מַגְהֵץ (ז)
strijkplank (de)	'kereſ gihuts	קֶרֶשׁ גִּיהוּץ (ז)
telefoon (de)	'telefon	טֶלֶפוֹן (ז)
mobieltje (het)	'telefon nayad	טֶלֶפוֹן נַיָּיד (ז)
schrijfmachine (de)	meχonat ktiva	מְכוֹנַת כְּתִיבָה (נ)
naaimachine (de)	meχonat tfira	מְכוֹנַת תְּפִירָה (נ)
microfoon (de)	mikrofon	מִיקְרוֹפוֹן (ז)
koptelefoon (de)	ozniyot	אוֹזְנִיּוֹת (נ״ר)
afstandsbediening (de)	'ſelet	שֶׁלֶט (ז)
CD (de)	taklitor	תַּקְלִיטוֹר (ז)
cassette (de)	ka'letet	קַלֶּטֶת (נ)
vinylplaat (de)	taklit	תַּקְלִיט (ז)

MENSELIJKE ACTIVITEITEN

Baan. Business. Deel 1

69. Kantoor. Op kantoor werken

Nederlands	Transliteratie	Hebreeuws
kantoor (het)	misrad	מִשְׂרָד (ז)
kamer (de)	misrad	מִשְׂרָד (ז)
receptie (de)	kabala	קַבָּלָה (נ)
secretaris (de)	mazkir	מַזְכִּיר (ז)
secretaresse (de)	mazkira	מַזְכִּירָה (נ)
directeur (de)	menahel	מְנַהֵל (ז)
manager (de)	menahel	מְנַהֵל (ז)
boekhouder (de)	menahel xeʃbonot	מְנַהֵל חֶשְׁבּוֹנוֹת (ז)
werknemer (de)	oved	עוֹבֵד (ז)
meubilair (het)	rehitim	רָהִיטִים (ז״ר)
tafel (de)	ʃulxan	שׁוּלְחָן (ז)
bureaustoel (de)	kursa	כּוּרְסָה (נ)
ladeblok (het)	ʃidat megerot	שִׁידַת מְגֵירוֹת (נ)
kapstok (de)	mitle	מִתְלֶה (ז)
computer (de)	maxʃev	מַחְשֵׁב (ז)
printer (de)	mad'peset	מַדְפֶּסֶת (נ)
fax (de)	faks	פָקס (ז)
kopieerapparaat (het)	mexonat tsilum	מְכוֹנַת צִילוּם (נ)
papier (het)	neyar	נְיָיר (ז)
kantoorartikelen (mv.)	tsiyud misradi	צִיוּד מִשְׂרָדִי (ז)
muismat (de)	ʃa'tiax le'axbar	שָׁטִיחַ לְעַכְבָּר (ז)
blad (het)	daf	דַף (ז)
ordner (de)	klaser	קַלְסָר (ז)
catalogus (de)	katalog	קָטָלוֹג (ז)
telefoongids (de)	madrix 'telefon	מַדְרִיךְ טֶלֶפוֹן (ז)
documentatie (de)	ti'ud	תִיעוּד (ז)
brochure (de)	xo'veret	חוֹבֶרֶת (נ)
flyer (de)	alon	עָלוֹן (ז)
monster (het), staal (de)	dugma	דוּגמָה (נ)
training (de)	yeʃivat hadraxa	יְשִׁיבַת הַדְרָכָה (נ)
vergadering (de)	yeʃiva	יְשִׁיבָה (נ)
lunchpauze (de)	hafsakat tsaha'rayim	הַפְסָקַת צָהֳרַיִים (נ)
een kopie maken	letsalem mismax	לְצַלֵם מִסְמָךְ
de kopieën maken	lehaxin mispar otakim	לְהָכִין מִסְפַּר עוֹתָקִים
een fax ontvangen	lekabel faks	לְקַבֵּל פָקס
een fax versturen	liʃ'loax faks	לִשְׁלוֹחַ פָקס

opbellen (ww)	lehitkaʃer	להתקשר
antwoorden (ww)	laʿanot	לענות
doorverbinden (ww)	lekaʃer	לקשר
afspreken (ww)	lik'boʿa pgiʃa	לקבוע פגישה
demonstreren (ww)	lehadgim	להדגים
absent zijn (ww)	heheʿader	להיעדר
afwezigheid (de)	heʿadrut	היעדרות (נ)

70. Bedrijfsprocessen. Deel 1

bedrijf (business)	ʿesek	עסק (ז)
zaak (de), beroep (het)	isuk	עיסוק (ז)
firma (de)	χevra	חברה (נ)
bedrijf (maatschap)	χevra	חברה (נ)
corporatie (de)	ta'agid	תאגיד (ז)
onderneming (de)	ʿesek	עסק (ז)
agentschap (het)	soχnut	סוכנות (נ)
overeenkomst (de)	heskem	הסכם (ז)
contract (het)	χoze	חוזה (ז)
transactie (de)	iska	עסקה (נ)
bestelling (de)	hazmana	הזמנה (נ)
voorwaarde (de)	tnai	תנאי (ז)
in het groot (bw)	besitonut	בסיטונות
groothandels- (abn)	sitona'i	סיטונאי
groothandel (de)	sitonut	סיטונות (נ)
kleinhandels- (abn)	kimʿoni	קמעוני
kleinhandel (de)	kimʿonut	קמעונות (נ)
concurrent (de)	mitχare	מתחרה (ז)
concurrentie (de)	taχarut	תחרות (נ)
concurreren (ww)	lehitχarot	להתחרות
partner (de)	ʃutaf	שותף (ז)
partnerschap (het)	ʃutafa	שותפות (נ)
crisis (de)	maʃber	משבר (ז)
bankroet (het)	pʃitat 'regel	פשיטת רגל (נ)
bankroet gaan (ww)	liʃʃot 'regel	לפשוט רגל
moeilijkheid (de)	'koʃi	קושי (ז)
probleem (het)	beʿaya	בעיה (נ)
catastrofe (de)	ason	אסון (ז)
economie (de)	kalkala	כלכלה (נ)
economisch (bn)	kalkali	כלכלי
economische recessie (de)	mitun kalkali	מיתון כלכלי (ז)
doel (het)	matara	מטרה (נ)
taak (de)	mesima	משימה (נ)
handelen (handel drijven)	lisχor	לסחור
netwerk (het)	'reʃet	רשת (נ)

voorraad (de)	maxsan	מַחְסָן (ז)
assortiment (het)	mivxar	מִבְחָר (ז)
leider (de)	manhig	מַנְהִיג (ז)
groot (bn)	gadol	גָדוֹל
monopolie (het)	'monopol	מוֹנוֹפּוֹל (ז)
theorie (de)	te''orya	תֵיאוֹרְיָה (נ)
praktijk (de)	'praktika	פְּרַקְטִיקָה (נ)
ervaring (de)	nisayon	נִיסָיוֹן (ז)
tendentie (de)	megama	מְגַמָה (נ)
ontwikkeling (de)	pi'tuax	פִּיתוּחַ (ז)

71. Bedrijfsprocessen. Deel 2

voordeel (het)	'revax	רֶוַוח (ז)
voordelig (bn)	rivxi	רִווְחִי
delegatie (de)	miʃlaxat	מִשְלַחַת (נ)
salaris (het)	mas'koret	מַשְֹכּוֹרֶת (נ)
corrigeren (fouten ~)	letaken	לְתַקֵן
zakenreis (de)	nesi'a batafkid	נְסִיעָה בַּתַפְקִיד (נ)
commissie (de)	amla	עַמְלָה (נ)
controleren (ww)	liʃlot	לִשְלוֹט
conferentie (de)	kinus	כִּינוּס (ז)
licentie (de)	riʃayon	רִישָיוֹן (ז)
betrouwbaar (partner, enz.)	amin	אָמִין
aanzet (de)	yozma	יוֹזְמָה (נ)
norm (bijv. ~ stellen)	'norma	נוֹרְמָה (נ)
omstandigheid (de)	nesibot	נְסִיבּוֹת (נ"ר)
taak, plicht (de)	xova	חוֹבָה (נ)
organisatie (bedrijf, zaak)	irgun	אִרְגוּן (ז)
organisatie (proces)	hit'argenut	הִתְאַרְגְנוּת (נ)
georganiseerd (bn)	me'urgan	מְאוֹרְגָן
afzegging (de)	bitul	בִּיטוּל (ז)
afzeggen (ww)	levatel	לְבַטֵל
verslag (het)	dox	דוֹחַ (ז)
patent (het)	patent	פָּטֶנְט (ז)
patenteren (ww)	lirʃom patent	לִרְשוֹם פָּטֶנְט
plannen (ww)	letaxnen	לְתַכְנֵן
premie (de)	'bonus	בּוֹנוּס (ז)
professioneel (bn)	miktso'i	מִקְצוֹעִי
procedure (de)	'nohal	נוֹהָל (ז)
onderzoeken (contract, enz.)	livxon	לִבְחוֹן
berekening (de)	xiʃuv	חִישוּב (ז)
reputatie (de)	monitin	מוֹנִיטִין (ז"ר)
risico (het)	sikun	סִיכּוּן (ז)
beheren (managen)	lenahel	לְנַהֵל

informatie (de)	meida	מֵידָע (ז)
eigendom (bezit)	ba'alut	בַּעֲלוּת (נ)
unie (de)	igud	אִיגוּד (ז)
levensverzekering (de)	bi'tuaχ χayim	בִּיטוּחַ חַיִּים (ז)
verzekeren (ww)	leva'teaχ	לבטח
verzekering (de)	bi'tuaχ	בִּיטוּחַ (ז)
veiling (de)	meχira 'pombit	מְכִירָה פּוּמְבִּית (נ)
verwittigen (ww)	leho'dia	לְהוֹדִיעַ
beheer (het)	nihul	נִיהוּל (ז)
dienst (de)	ʃirut	שֵׁירוּת (ז)
forum (het)	'forum	פוֹרוּם (ז)
functioneren (ww)	letafked	לְתַפְקֵד
stap, etappe (de)	ʃalav	שָׁלָב (ז)
juridisch (bn)	miʃpati	מִשְׁפָּטִי
jurist (de)	oreχ din	עוֹרֵךְ דִּין (ז)

72. Productie. Werken

industriële installatie (fabriek)	mif'al	מִפְעָל (ז)
fabriek (de)	beit χa'roʃet	בֵּית חֲרוֹשֶׁת (ז)
werkplaatsruimte (de)	agaf	אֲגָף (ז)
productielocatie (de)	mif'al	מִפְעָל (ז)
industrie (de)	ta'asiya	תַּעֲשִׂיָּה (נ)
industrieel (bn)	ta'asiyati	תַּעֲשִׂיָּתִי
zware industrie (de)	ta'asiya kveda	תַּעֲשִׂיָּה כְּבֵדָה (נ)
lichte industrie (de)	ta'asiya kala	תַּעֲשִׂיָּה קַלָּה (נ)
productie (de)	to'tseret	תּוֹצֶרֶת (נ)
produceren (ww)	leyatser	לְיַיצֵר
grondstof (de)	'χomer 'gelem	חוֹמֶר גֶּלֶם (ז)
voorman, ploegbaas (de)	menahel avoda	מְנַהֵל עֲבוֹדָה (ז)
ploeg (de)	'tsevet ovdim	צֶוֶות עוֹבְדִים (ז)
arbeider (de)	po'el	פּוֹעֵל (ז)
werkdag (de)	yom avoda	יוֹם עֲבוֹדָה (ז)
pauze (de)	hafsaka	הַפְסָקָה (נ)
samenkomst (de)	yeʃiva	יְשִׁיבָה (נ)
bespreken (spreken over)	ladun	לָדוּן
plan (het)	toχnit	תּוֹכְנִית (נ)
het plan uitvoeren	leva'tse'a et hatoχnit	לְבַצֵּעַ אֶת הַתּוֹכְנִית
productienorm (de)	'ketsev tfuka	קֶצֶב תְּפוּקָה (ז)
kwaliteit (de)	eiχut	אֵיכוּת (נ)
controle (de)	bakara	בַּקָּרָה (נ)
kwaliteitscontrole (de)	bakarat eiχut	בַּקָּרַת אֵיכוּת (נ)
arbeidsveiligheid (de)	betiχut beavoda	בְּטִיחוּת בַּעֲבוֹדָה (נ)
discipline (de)	miʃ'ma'at	מִשְׁמַעַת (נ)
overtreding (de)	hafara	הֲפָרָה (נ)

overtreden (ww)	lehafer	לְהָפֵר
staking (de)	ʃvita	שְׁבִיתָה (נ)
staker (de)	ʃovet	שׁוֹבֵת (ז)
staken (ww)	liʃbot	לִשְׁבּוֹת
vakbond (de)	igud ovdim	אִיגוּד עוֹבְדִים (ז)
uitvinden (machine, enz.)	lehamtsi	לְהַמְצִיא
uitvinding (de)	hamtsa'a	הַמְצָאָה (נ)
onderzoek (het)	meχkar	חֵקֶר (ז)
verbeteren (beter maken)	leʃaper	לְשַׁפֵּר
technologie (de)	teχno'logya	טֶכְנוֹלוֹגִיָה (נ)
technische tekening (de)	sirtut	שִׂרְטוּט (ז)
vracht (de)	mit'an	מִטְעָן (ז)
lader (de)	sabal	סַבָּל (ז)
laden (vrachtwagen)	leha'amis	לְהַעֲמִיס
laden (het)	ha'amasa	הַעֲמָסָה (נ)
lossen (ww)	lifrok mit'an	לִפְרוֹק מִטְעָן
lossen (het)	prika	פְּרִיקָה (נ)
transport (het)	hovala	הוֹבָלָה (נ)
transportbedrijf (de)	χevrat hovala	חֶבְרַת הוֹבָלָה (נ)
transporteren (ww)	lehovil	לְהוֹבִיל
goederenwagon (de)	karon	קָרוֹן (ז)
tank (bijv. ketelwagen)	meχalit	מֵיכָלִית (נ)
vrachtwagen (de)	masa'it	מַשָּׂאִית (נ)
machine (de)	meχonat ibud	מְכוֹנַת עִיבּוּד (נ)
mechanisme (het)	manganon	מַנְגָּנוֹן (ז)
industrieel afval (het)	'psolet ta'asiyatit	פְּסוֹלֶת תַעֲשִׂייָתִית (נ)
verpakking (de)	ariza	אֲרִיזָה (נ)
verpakken (ww)	le'eroz	לֶאֱרוֹז

73. Contract. Overeenstemming

contract (het)	χoze	חוֹזֶה (ז)
overeenkomst (de)	heskem	הֶסְכֵּם (ז)
bijlage (de)	'sefaχ	סֶפַח (ז)
een contract sluiten	la'aroχ heskem	לַעֲרוֹךְ הֶסְכֵּם
handtekening (de)	χatima	חֲתִימָה (נ)
ondertekenen (ww)	laχtom	לַחְתּוֹם
stempel (de)	χo'temet	חוֹתֶמֶת (נ)
voorwerp (het) van de overeenkomst	nose haχoze	נוֹשֵׂא הַחוֹזֶה (ז)
clausule (de)	se'if	סָעִיף (ז)
partijen (mv.)	tsdadim	צְדָדִים (ז״ר)
vestigingsadres (het)	'ktovet miʃpatit	כְּתוֹבֶת מִשְׁפָּטִית (נ)
het contract verbreken (overtreden)	lehafer χoze	לְהָפֵר חוֹזֶה

verplichting (de)	hitχaivut	הִתְחַיְּיבוּת (נ)
verantwoordelijkheid (de)	aχrayut	אַחְרָיוּת (נ)
overmacht (de)	'koaχ elyon	כּוֹחַ עֶלְיוֹן (ז)
geschil (het)	vi'kuaχ	וִיכּוּחַ (ז)
sancties (mv.)	itsumim	עִיצוּמִים (ז"ר)

74. Import & Export

import (de)	ye'vu'a	יְבוּא (ז)
importeur (de)	yevu'an	יְבוּאָן (ז)
importeren (ww)	leyabe	לְיַבֵּא
import- (abn)	meyuba	מְיוּבָּא
uitvoer (export)	yitsu	יִיצוּא (ז)
exporteur (de)	yetsu'an	יְצוּאָן (ז)
exporteren (ww)	leyatse	לְיַצֵּא
uitvoer- (bijv., ~goederen)	ʃel yitsu	שֶׁל יִיצוּא
goederen (mv.)	sχora	סְחוֹרָה (נ)
partij (de)	miʃ'loaχ	מִשְׁלוֹחַ (ז)
gewicht (het)	miʃkal	מִשְׁקָל (ז)
volume (het)	'nefaχ	נֶפַח (ז)
kubieke meter (de)	'meter me'ukav	מֶטֶר מְעוּקָב (ז)
producent (de)	yatsran	יַצְרָן (ז)
transportbedrijf (de)	χevrat hovala	חֶבְרַת הוֹבָלָה (נ)
container (de)	meχula	מְכוּלָה (נ)
grens (de)	gvul	גְּבוּל (ז)
douane (de)	'meχes	מֶכֶס (ז)
douanerecht (het)	mas 'meχes	מַס מֶכֶס (ז)
douanier (de)	pakid 'meχes	פְּקִיד מֶכֶס (ז)
smokkelen (het)	havraχa	הַבְרָחָה (נ)
smokkelwaar (de)	sχora muv'reχet	סְחוֹרָה מוּבְרַחַת (נ)

75. Financiën

aandeel (het)	menaya	מְנָיָה (נ)
obligatie (de)	i'geret χov	אִיגֶּרֶת חוֹב (נ)
wissel (de)	ʃtar χalifin	שְׁטָר חֲלִיפִין (ז)
beurs (de)	'bursa	בּוּרְסָה (נ)
aandelenkoers (de)	meχir hamenaya	מְחִיר הַמְּנָיָה (ז)
dalen (ww)	la'redet bemeχir	לָרֶדֶת בְּמְחִיר
stijgen (ww)	lehityaker	לְהִתְיַיקֵּר
deel (het)	menaya	מְנָיָה (נ)
meerderheidsbelang (het)	ʃlita	שְׁלִיטָה (נ)
investeringen (mv.)	haʃka'ot	הַשְׁקָעוֹת (נ"ר)
investeren (ww)	lehaʃki'a	לְהַשְׁקִיעַ

procent (het)	axuz	אָחוּז (ז)
rente (de)	ribit	רִיבִּית (נ)
winst (de)	'revax	רֶוַוח (ז)
winstgevend (bn)	rivxi	רְוֹוחִי
belasting (de)	mas	מַס (ז)
valuta (vreemde ~)	mat'be'a	מַטְבֵּעַ (ז)
nationaal (bn)	le'umi	לְאוּמִי
ruil (de)	hamara	הֲמָרָה (נ)
boekhouder (de)	ro'e xeʃbon	רוֹאֵה חֶשְׁבּוֹן (ז)
boekhouding (de)	hanhalat xeʃbonot	הַנְהָלַת חֶשְׁבּוֹנוֹת (נ)
bankroet (het)	pʃitat 'regel	פְּשִׁיטַת רֶגֶל (נ)
ondergang (de)	krisa	קְרִיסָה (נ)
faillissement (het)	pʃitat 'regel	פְּשִׁיטַת רֶגֶל (נ)
geruïneerd zijn (ww)	liʃʃot 'regel	לִפְשׁוֹט רֶגֶל
inflatie (de)	inf'latsya	אִינפְלַצְיָה (נ)
devaluatie (de)	pixut	פִּיחוּת (ז)
kapitaal (het)	hon	הוֹן (ז)
inkomen (het)	haxnasa	הַכְנָסָה (נ)
omzet (de)	maxzor	מַחזוֹר (ז)
middelen (mv.)	maʃ'abim	מַשְׁאַבִּים (ז"ר)
financiële middelen (mv.)	emtsa'im kaspiyim	אֶמְצָעִים כַּסְפִּיִים (ז"ר)
operationele kosten (mv.)	hotsa'ot	הוֹצָאוֹת (נ"ר)
reduceren (kosten ~)	letsamtsem	לְצַמְצֵם

76. Marketing

marketing (de)	ʃivuk	שִׁיווּק (ז)
markt (de)	ʃuk	שׁוּק (ז)
marktsegment (het)	'pelax ʃuk	פֶּלַח שׁוּק (ז)
product (het)	mutsar	מוּצָר (ז)
goederen (mv.)	sxora	סְחוֹרָה (נ)
merk (het)	mutag	מוּתָג (ז)
handelsmerk (het)	'semel misxari	סֶמֶל מִסְחָרִי (ז)
beeldmerk (het)	'semel haxevra	סֶמֶל הַחֶבְרָה (ז)
logo (het)	'logo	לוֹגוֹ (ז)
vraag (de)	bikuʃ	בִּיקוּשׁ (ז)
aanbod (het)	he'tse'a	הֵיצֵעַ (ז)
behoefte (de)	'tsorex	צוֹרֶךְ (ז)
consument (de)	tsarxan	צַרְכָן (ז)
analyse (de)	ni'tuax	נִיתוּחַ (ז)
analyseren (ww)	lena'teax	לְנַתֵחַ
positionering (de)	mitsuv	מִיצוּב (ז)
positioneren (ww)	lematsev	לְמַצֵב
prijs (de)	mexir	מְחִיר (ז)
prijspolitiek (de)	mediniyut timxur	מְדִינִיוּת תַמְחוּר (נ)
prijsvorming (de)	hamxara	הַמְחָרָה (נ)

77. Reclame

reclame (de)	pirsum	פִּרְסוּם (ז)
adverteren (ww)	lefarsem	לְפַרְסֵם
budget (het)	taktsiv	תַקְצִיב (ז)
advertentie, reclame (de)	pir'somet	פִּרְסוֹמֶת (נ)
TV-reclame (de)	pir'somet tele'vizya	פִּרְסוֹמֶת טֶלֶוִיזְיָה (נ)
radioreclame (de)	pir'somet 'radyo	פִּרְסוֹמֶת רַדְיוֹ (נ)
buitenreclame (de)	pirsum xutsot	פִּרְסוּם חוּצוֹת (ז)
massamedia (de)	emtsa'ei tik'ʃoret hamonim	אֶמְצָעֵי תִקְשוֹרֶת הָמוֹנִים (ז״ר)
periodiek (de)	ktav et	כְּתַב עֵת (ז)
imago (het)	tadmit	תַדְמִית (נ)
slagzin (de)	sisma	סִיסְמָה (נ)
motto (het)	'moto	מוֹטוֹ (ז)
campagne (de)	masa	מַסָע (ז)
reclamecampagne (de)	masa pirsum	מַסָע פִּרְסוּם (ז)
doelpubliek (het)	oxlusiyat 'ya'ad	אוֹכְלוּסִיַית יַעַד (נ)
visitekaartje (het)	kartis bikur	כַּרְטִיס בִּיקוּר (ז)
flyer (de)	alon	עָלוֹן (ז)
brochure (de)	xo'veret	חוֹבֶרֶת (נ)
folder (de)	alon	עָלוֹן (ז)
nieuwsbrief (de)	alon meida	עָלוֹן מֵידָע (ז)
gevelreclame (de)	'ʃelet	שֶׁלֶט (ז)
poster (de)	'poster	פּוֹסְטֶר (ז)
aanplakbord (het)	'luax pirsum	לוּחַ פִּרְסוּם (ז)

78. Bankieren

bank (de)	bank	בַּנְק (ז)
bankfiliaal (het)	snif	סְנִיף (ז)
bankbediende (de)	yo'ets	יוֹעֵץ (ז)
manager (de)	menahel	מְנַהֵל (ז)
bankrekening (de)	xeʃbon	חֶשְׁבּוֹן (ז)
rekeningnummer (het)	mispar xeʃbon	מִסְפַּר חֶשְׁבּוֹן (ז)
lopende rekening (de)	xeʃbon over vaʃav	חֶשְׁבּוֹן עוֹבֵר וָשָׁב (ז)
spaarrekening (de)	xeʃbon xisaxon	חֶשְׁבּוֹן חִסָכוֹן (ז)
een rekening openen	lif'toax xeʃbon	לִפְתוֹחַ חֶשְׁבּוֹן
de rekening sluiten	lisgor xeʃbon	לִסְגוֹר חֶשְׁבּוֹן
op rekening storten	lehafkid lexeʃbon	לְהַפְקִיד לְחֶשְׁבּוֹן
opnemen (ww)	limʃox mexeʃbon	לִמְשׁוֹך מֵחֶשְׁבּוֹן
storting (de)	pikadon	פִּיקָדוֹן (ז)
een storting maken	lehafkid	לְהַפְקִיד
overschrijving (de)	ha'avara banka'it	הַעֲבָרָה בַּנְקָאִית (נ)

een overschrijving maken	leha'avir 'kesef	לְהַעֲבִיר כֶּסֶף
som (de)	sxum	סכום (ז)
Hoeveel?	'kama?	כַּמָּה?
handtekening (de)	xatima	חֲתִימָה (נ)
ondertekenen (ww)	laxtom	לַחְתוֹם
kredietkaart (de)	kartis aʃrai	כַּרְטִיס אַשְׁרַאי (ז)
code (de)	kod	קוֹד (ז)
kredietkaartnummer (het)	mispar kartis aʃrai	מִסְפַּר כַּרְטִיס אַשְׁרַאי (ז)
geldautomaat (de)	kaspomat	כַּסְפּוֹמָט (ז)
cheque (de)	tʃek	צֶ'ק (ז)
een cheque uitschrijven	lixtov tʃek	לִכְתּוֹב צֶ'ק
chequeboekje (het)	pinkas 'tʃekim	פִּנְקָס צֶ'קִים (ז)
lening, krediet (de)	halva'a	הַלְוָאָה (נ)
een lening aanvragen	levakeʃ halva'a	לְבַקֵּשׁ הַלְוָאָה
een lening nemen	lekabel halva'a	לְקַבֵּל הַלְוָאָה
een lening verlenen	lehalvot	לְהַלְווֹת
garantie (de)	arvut	עַרְבוּת (נ)

79. Telefoon. Telefoongesprek

telefoon (de)	'telefon	טֶלֶפוֹן (ז)
mobieltje (het)	'telefon nayad	טֶלֶפוֹן נַיָּיד (ז)
antwoordapparaat (het)	meʃivon	מְשִׁיבוֹן (ז)
bellen (ww)	letsaltsel	לְצַלְצֵל
belletje (telefoontje)	sixat 'telefon	שִׂיחַת טֶלֶפוֹן (נ)
een nummer draaien	lexayeg mispar	לְחַיֵּיג מִסְפָּר
Hallo!	'halo!	הַלוֹ!
vragen (ww)	liʃol	לִשְׁאוֹל
antwoorden (ww)	la'anot	לַעֲנוֹת
horen (ww)	liʃmo'a	לִשְׁמוֹעַ
goed (bw)	tov	טוֹב
slecht (bw)	lo tov	לֹא טוֹב
storingen (mv.)	hafra'ot	הַפְרָעוֹת (נ"ר)
hoorn (de)	ʃfo'feret	שְׁפוֹפֶרֶת (נ)
opnemen (ww)	leharim ʃfo'feret	לְהָרִים שְׁפוֹפֶרֶת
ophangen (ww)	leha'niax ʃfo'feret	לְהָנִיחַ שְׁפוֹפֶרֶת
bezet (bn)	tafus	תָּפוּס
overgaan (ww)	letsaltsel	לְצַלְצֵל
telefoonboek (het)	'sefer tele'fonim	סֵפֶר טֶלֶפוֹנִים (ז)
lokaal (bn)	mekomi	מְקוֹמִי
lokaal gesprek (het)	sixa mekomit	שִׂיחָה מְקוֹמִית (נ)
interlokaal (bn)	bein ironi	בֵּין עִירוֹנִי
interlokaal gesprek (het)	sixa bein ironit	שִׂיחָה בֵּין עִירוֹנִית (נ)
buitenlands (bn)	benle'umi	בֵּינְלְאוּמִי
buitenlands gesprek (het)	sixa benle'umit	שִׂיחָה בֵּינְלְאוּמִית (נ)

80. Mobiele telefoon

mobieltje (het)	'telefon nayad	טֶלְפוֹן נַיָּיד (ז)
scherm (het)	masax	מָסָךְ (ז)
toets, knop (de)	kaftor	כַּפְתּוֹר (ז)
simkaart (de)	kartis sim	כַּרְטִיס סִים (ז)
batterij (de)	solela	סוֹלְלָה (נ)
leeg zijn (ww)	lehitroken	לְהִתְרוֹקֵן
acculader (de)	mit'an	מִטְעָן (ז)
menu (het)	tafrit	תַּפְרִיט (ז)
instellingen (mv.)	hagdarot	הַגְדָרוֹת (נ"ר)
melodie (beltoon)	mangina	מַנְגִּינָה (נ)
selecteren (ww)	livxor	לִבְחוֹר
rekenmachine (de)	maxʃevon	מַחְשְׁבוֹן (ז)
voicemail (de)	ta koli	תָּא קוֹלִי (ז)
wekker (de)	ʃa'on me'orer	שְׁעוֹן מְעוֹרֵר (ז)
contacten (mv.)	anʃei 'keʃer	אַנְשֵׁי קֶשֶׁר (ז"ר)
SMS-bericht (het)	misron	מִסְרוֹן (ז)
abonnee (de)	manui	מָנוּי (ז)

81. Schrijfbehoeften

balpen (de)	et kaduri	עֵט כַּדּוּרִי (ז)
vulpen (de)	et no've'a	עֵט נוֹבֵעַ (ז)
potlood (het)	iparon	עִיפָּרוֹן (ז)
marker (de)	'marker	מַרְקֵר (ז)
viltstift (de)	tuʃ	טוּשׁ (ז)
notitieboekje (het)	pinkas	פִּנְקָס (ז)
agenda (boekje)	yoman	יוֹמָן (ז)
liniaal (de/het)	sargel	סַרְגֵּל (ז)
rekenmachine (de)	maxʃevon	מַחְשְׁבוֹן (ז)
gom (de)	'maxak	מַחַק (ז)
punaise (de)	'na'ats	נַעַץ (ז)
paperclip (de)	mehadek	מְהַדֵּק (ז)
lijm (de)	'devek	דֶּבֶק (ז)
nietmachine (de)	ʃadxan	שַׁדְכָן (ז)
perforator (de)	menakev	מְנַקֵּב (ז)
potloodslijper (de)	maxded	מַחְדֵּד (ז)

82. Soorten bedrijven

boekhouddiensten (mv.)	ʃerutei hanhalat xeʃbonot	שֵׁירוּתֵי הַנְהָלַת חֶשְׁבּוֹנוֹת (ז"ר)
reclame (de)	pirsum	פִּרְסוּם (ז)

reclamebureau (het)	soxnut pirsum	סוֹכְנוּת פִּרְסוֹם (נ)
airconditioning (de)	mazganim	מַזְגָנִים (ז"ר)
luchtvaartmaatschappij (de)	xevrat te'ufa	חֶבְרַת תְּעוּפָה (נ)
alcoholische dranken (mv.)	maʃka'ot xarifim	מַשְׁקָאוֹת חֲרִיפִים (נ"ר)
antiek (het)	atikot	עַתִיקוֹת (נ"ר)
kunstgalerie (de)	ga'lerya le'amanut	גָלֶרְיָה לְאָמָנוּת (נ)
audit diensten (mv.)	ʃerutei bi'koret xeʃbonot	שֵׁירוּתֵי בִּיקוֹרַת חֶשְׁבּוֹנוֹת (ז"ר)
banken (mv.)	banka'ut	בַּנְקָאוּת (נ)
bar (de)	bar	בָּר (ז)
schoonheidssalon (de/het)	mexon 'yofi	מָכוֹן יוֹפִי (ז)
boekhandel (de)	xanut sfarim	חֲנוּת סְפָרִים (נ)
bierbrouwerij (de)	miv'ʃelet 'bira	מִבְשֶׁלֶת בִּירָה (נ)
zakencentrum (het)	merkaz asakim	מֶרְכַּז עֲסָקִים (ז)
business school (de)	beit 'sefer le'asakim	בֵּית סֵפֶר לַעֲסָקִים (ז)
casino (het)	ka'zino	קָזִינוֹ (ז)
bouwbedrijven (mv.)	bniya	בְּנִיָה (נ)
adviesbureau (het)	yi'uts	יִיעוּץ (ז)
tandheelkunde (de)	mirpa'at ʃi'nayim	מִרְפָּאַת שִׁינַיִים (נ)
design (het)	itsuv	עִיצוּב (ז)
apotheek (de)	beit mir'kaxat	בֵּית מִרְקַחַת (ז)
stomerij (de)	nikui yaveʃ	נִיקוּי יָבֵשׁ (ז)
uitzendbureau (het)	soxnut 'koax adam	סוֹכְנוּת כּוֹחַ אָדָם (נ)
financiële diensten (mv.)	ʃerutim fi'nansim	שֵׁירוּתִים פִינַנְסִיִים (ז"ר)
voedingswaren (mv.)	mutsrei mazon	מוּצְרֵי מָזוֹן (ז"ר)
uitvaartcentrum (het)	beit levayot	בֵּית לְוָויוֹת (ז)
meubilair (het)	rehitim	רָהִיטִים (ז"ר)
kleding (de)	bgadim	בְּגָדִים (ז"ר)
hotel (het)	beit malon	בֵּית מָלוֹן (ז)
IJsje (het)	'glida	גְלִידָה (נ)
industrie (de)	ta'asiya	תַעֲשִׂיָה (נ)
verzekering (de)	bi'tuax	בִּיטוּחַ (ז)
Internet (het)	'internet	אִינְטֶרְנֶט (ז)
investeringen (mv.)	haʃka'ot	הַשְׁקָעוֹת (נ"ר)
juwelier (de)	tsoref	צוֹרֵף (ז)
juwelen (mv.)	taxʃitim	תַכְשִׁיטִים (ז"ר)
wasserette (de)	mixbasa	מִכְבָּסָה (נ)
juridische diensten (mv.)	yo'ets miʃpati	יוֹעֵץ מִשְׁפָּטִי (ז)
lichte industrie (de)	ta'asiya kala	תַעֲשִׂיָה קַלָה (נ)
tijdschrift (het)	ʒurnal	ז'וּרְנָל (ז)
postorderbedrijven (mv.)	mexira be'do'ar	מְכִירָה בְּדוֹאַר (נ)
medicijnen (mv.)	refu'a	רְפוּאָה (נ)
bioscoop (de)	kol'no'a	קוֹלְנוֹעַ (ז)
museum (het)	muze'on	מוּזֵיאוֹן (ז)
persbureau (het)	soxnut yedi'ot	סוֹכְנוּת יְדִיעוֹת (נ)
krant (de)	iton	עִיתוֹן (ז)
nachtclub (de)	mo'adon 'laila	מוֹעֲדוֹן לַיְלָה (ז)
olie (aardolie)	neft	נֵפְט (ז)

koerierdienst (de)	ʃirut ʃliχim	שֵׁירוּת שְׁלִיחִים (ז)
geneesmiddelen (mv.)	rokχut	רוֹקְחוּת (נ)
drukkerij (de)	beit dfus	בֵּית דְפוּס (ז)
uitgeverij (de)	hotsa'a la'or	הוֹצָאָה לָאוֹר (נ)
radio (de)	'radyo	רָדִיוֹ (ז)
vastgoed (het)	nadlan	נַדְלַ"ן (ז)
restaurant (het)	mis'ada	מִסְעָדָה (נ)
bewakingsfirma (de)	χevrat ʃmira	חֶבְרַת שְׁמִירָה (נ)
sport (de)	sport	סְפּוֹרְט (ז)
handelsbeurs (de)	'bursa	בּוּרְסָה (נ)
winkel (de)	χanut	חֲנוּת (נ)
supermarkt (de)	super'market	סוּפֶּרְמַרְקֶט (ז)
zwembad (het)	breχat sχiya	בְּרֵיכַת שְׂחִיָיה (נ)
naaiatelier (het)	mitpara	מִתְפָּרָה (נ)
televisie (de)	tele'vizya	טֶלֶוִיזְיָה (נ)
theater (het)	te'atron	תִיאַטְרוֹן (ז)
handel (de)	misχar	מִסְחָר (ז)
transport (het)	hovalot	הוֹבָלוֹת (נ"ר)
toerisme (het)	tayarut	תַיָירוּת (נ)
dierenarts (de)	veterinar	וֶטֶרִינָר (ז)
magazijn (het)	maχsan	מַחְסָן (ז)
afvalinzameling (de)	isuf 'zevel	אִיסוּף זֶבֶל (ז)

Baan. Business. Deel 2

83. Show. Tentoonstelling

beurs (de)	ta'aruxa	תַּעֲרוּכָה (נ)
vakbeurs, handelsbeurs (de)	ta'aruxa misxarit	תַּעֲרוּכָה מִסְחָרִית (נ)
deelneming (de)	hiʃtatfut	הִשְׁתַּתְּפוּת (נ)
deelnemen (ww)	lehiʃtatef	לְהִשְׁתַּתֵּף
deelnemer (de)	miʃtatef	מִשְׁתַּתֵּף (ז)
directeur (de)	menahel	מְנַהֵל (ז)
organisatiecomité (het)	misrad hame'argenim	מִשְׂרַד הַמְאַרְגְּנִים (ז)
organisator (de)	me'argen	מְאַרְגֵּן (ז)
organiseren (ww)	le'argen	לְאַרְגֵּן
deelnemingsaanvraag (de)	'tofes hiʃtatfut	טוֹפֶס הִשְׁתַּתְּפוּת (ז)
invullen (een formulier ~)	lemale	לְמַלֵּא
details (mv.)	pratim	פְּרָטִים (ז"ר)
informatie (de)	meida	מֵידָע (ז)
prijs (de)	mexir	מְחִיר (ז)
inclusief (bijv. ~ BTW)	kolel	כּוֹלֵל
inbegrepen (alles ~)	lixlol	לִכְלוֹל
betalen (ww)	leʃalem	לְשַׁלֵּם
registratietarief (het)	dmei riʃum	דְּמֵי רִישׁוּם (ז"ר)
ingang (de)	knisa	כְּנִיסָה (נ)
paviljoen (het), hal (de)	bitan	בִּיתָן (ז)
registreren (ww)	lirʃom	לִרְשׁוֹם
badge, kaart (de)	tag	תָּג (ז)
beursstand (de)	duxan	דּוּכָן (ז)
reserveren (een stand ~)	liʃmor	לִשְׁמוֹר
vitrine (de)	madaf tetsuga	מַדָּף תְּצוּגָה (ז)
licht (het)	menorat spot	מְנוֹרַת סְפּוֹט (נ)
design (het)	itsuv	עִיצוּב (ז)
plaatsen (ww)	la'arox	לַעֲרוֹך
geplaatst zijn (ww)	lehimatse	לְהִימָּצֵא
distributeur (de)	mefits	מֵפִיץ (ז)
leverancier (de)	sapak	סַפָּק (ז)
leveren (ww)	lesapek	לְסַפֵּק
land (het)	medina	מְדִינָה (נ)
buitenlands (bn)	mexul	מָחוּ"ל
product (het)	mutsar	מוּצָר (ז)
associatie (de)	amuta	עֲמוּתָה (נ)
conferentiezaal (de)	ulam knasim	אוּלָם כְּנָסִים (ז)

congres (het)	kongres	קוֹנְגְרֶס (ז)
wedstrijd (de)	taxarut	תַּחֲרוּת (נ)
bezoeker (de)	mevaker	מְבַקֵּר (ז)
bezoeken (ww)	levaker	לְבַקֵּר
afnemer (de)	la'koax	לָקוֹחַ (ז)

84. Wetenschap. Onderzoek. Wetenschappers

wetenschap (de)	mada	מַדָּע (ז)
wetenschappelijk (bn)	mada'i	מַדָּעִי
wetenschapper (de)	mad'an	מַדְעָן (ז)
theorie (de)	te"orya	תֵּיאוֹרְיָה (נ)
axioma (het)	aks'yoma	אַקְסִיוֹמָה (נ)
analyse (de)	ni'tuax	נִיתּוּחַ (ז)
analyseren (ww)	lena'teax	לְנַתֵּחַ
argument (het)	nimuk	נִימוּק (ז)
substantie (de)	'xomer	חוֹמֶר (ז)
hypothese (de)	hipo'teza	הִיפּוֹתֵזָה (נ)
dilemma (het)	di'lema	דִּילֶמָה (נ)
dissertatie (de)	diser'tatsya	דִּיסֶרְטַצְיָה (נ)
dogma (het)	'dogma	דּוֹגְמָה (נ)
doctrine (de)	dok'trina	דּוֹקְטְרִינָה (נ)
onderzoek (het)	mexkar	מֶחְקָר (ז)
onderzoeken (ww)	laxkor	לַחְקוֹר
toetsing (de)	nuisuyim	נִיסּוּיִים (ז״ר)
laboratorium (het)	ma'abada	מַעְבָּדָה (נ)
methode (de)	ʃita	שִׁיטָה (נ)
molecule (de/het)	mo'lekula	מוֹלֶקוּלָה (נ)
monitoring (de)	nitur	נִיטוּר (ז)
ontdekking (de)	gilui	גִּילּוּי (ז)
postulaat (het)	aks'yoma	אַקְסִיוֹמָה (נ)
principe (het)	ikaron	עִיקָּרוֹן (ז)
voorspelling (de)	taxazit	תַּחֲזִית (נ)
een prognose maken	laxazot	לַחֲזוֹת
synthese (de)	sin'teza	סִינְתֵזָה (נ)
tendentie (de)	megama	מְגַמָּה (נ)
theorema (het)	miʃpat	מִשְׁפָּט (ז)
leerstellingen (mv.)	tora	תּוֹרָה (נ)
feit (het)	uvda	עוּבְדָה (נ)
expeditie (de)	miʃ'laxat	מִשְׁלַחַת (נ)
experiment (het)	nisui	נִיסּוּי (ז)
academicus (de)	akademai	אָקָדֵמַאי (ז)
bachelor (bijv. BA, LLB)	'to'ar riʃon	תּוֹאַר רִאשׁוֹן (ז)
doctor (de)	'doktor	דּוֹקְטוֹר (ז)
universitair docent (de)	martse baxir	מַרְצֶה בָּכִיר (ז)

master, magister (de)	musmax	מוּסְמָךְ (ז)
professor (de)	pro'fesor	פְּרוֹפֶסוֹר (ז)

Beroepen en ambachten

85. Zoeken naar werk. Ontslag

baan (de)	avoda	עֲבוֹדָה (נ)
werknemers (mv.)	'segel	סֶגֶל (ז)
personeel (het)	'segel	סֶגֶל (ז)
carrière (de)	kar'yera	קָרְיֶרָה (נ)
vooruitzichten (mv.)	efʃaruyot	אֶפְשָׁרֻיּוֹת (נ"ר)
meesterschap (het)	meyumanut	מְיֻמָּנוּת (נ)
keuze (de)	sinun	סִנּוּן (ז)
uitzendbureau (het)	soxnut 'koax adam	סוֹכְנוּת כּוֹחַ אָדָם (נ)
CV, curriculum vitae (het)	korot xayim	קוֹרוֹת חַיִּים (נ"ר)
sollicitatiegesprek (het)	ra'ayon avoda	רַאֲיוֹן עֲבוֹדָה (ז)
vacature (de)	misra pnuya	מִשְׂרָה פְּנוּיָה (נ)
salaris (het)	mas'koret	מַשְׂכֹּרֶת (נ)
vaste salaris (het)	mas'koret kvu'a	מַשְׂכֹּרֶת קְבוּעָה (נ)
loon (het)	taʃlum	תַּשְׁלוּם (ז)
betrekking (de)	tafkid	תַּפְקִיד (ז)
taak, plicht (de)	xova	חוֹבָה (נ)
takenpakket (het)	txum axrayut	תְּחוּם אַחֲרָיוֹת (ז)
bezig (~ zijn)	asuk	עָסוּק
ontslagen (ww)	lefater	לְפַטֵּר
ontslag (het)	pitur	פִּטּוּר (ז)
werkloosheid (de)	avtala	אַבְטָלָה (נ)
werkloze (de)	muvtal	מוּבְטָל (ז)
pensioen (het)	'pensya	פֶּנְסְיָה (נ)
met pensioen gaan	latset legimla'ot	לָצֵאת לְגִימְלָאוֹת

86. Zakenmensen

directeur (de)	menahel	מְנַהֵל (ז)
beheerder (de)	menahel	מְנַהֵל (ז)
hoofd (het)	bos	בּוֹס (ז)
baas (de)	memune	מְמֻנֶּה (ז)
superieuren (mv.)	memunim	מְמֻנִּים (ז"ר)
president (de)	nasi	נָשִׂיא (ז)
voorzitter (de)	yoʃev roʃ	יוֹשֵׁב רֹאשׁ (ז)
adjunct (de)	sgan	סְגַן (ז)
assistent (de)	ozer	עוֹזֵר (ז)

secretaris (de)	mazkir	מַזְכִּיר (ז)
persoonlijke assistent (de)	mazkir iʃi	מַזְכִּיר אִישִׁי (ז)
zakenman (de)	iʃ asakim	אִישׁ עֲסָקִים (ז)
ondernemer (de)	yazam	יָזָם (ז)
oprichter (de)	meyased	מְיַסֵּד (ז)
oprichten (een nieuw bedrijf ~)	leyased	לְיַסֵּד
stichter (de)	meχonen	מְכוֹנֵן (ז)
partner (de)	ʃutaf	שׁוּתָף (ז)
aandeelhouder (de)	'ba'al menayot	בַּעַל מְנָיוֹת (ז)
miljonair (de)	milyoner	מִילְיוֹנֶר (ז)
miljardair (de)	milyarder	מִילְיַארְדֶּר (ז)
eigenaar (de)	be'alim	בְּעָלִים (ז)
landeigenaar (de)	'ba'al adamot	בַּעַל אֲדָמוֹת (ז)
klant (de)	la'koaχ	לָקוֹחַ (ז)
vaste klant (de)	la'koaχ ka'vu'a	לָקוֹחַ קָבוּעַ (ז)
koper (de)	kone	קוֹנֶה (ז)
bezoeker (de)	mevaker	מְבַקֵּר (ז)
professioneel (de)	miktso'an	מִקְצוֹעָן (ז)
expert (de)	mumχe	מוּמְחֶה (ז)
specialist (de)	mumχe	מוּמְחֶה (ז)
bankier (de)	bankai	בַּנְקַאי (ז)
makelaar (de)	soχen	סוֹכֵן (ז)
kassier (de)	kupai	קוּפַּאי (ז)
boekhouder (de)	menahel χeʃbonot	מְנַהֵל חֶשְׁבּוֹנוֹת (ז)
bewaker (de)	ʃomer	שׁוֹמֵר (ז)
investeerder (de)	maʃ'ki'a	מַשְׁקִיעַ (ז)
schuldenaar (de)	'ba'al χov	בַּעַל חוֹב (ז)
crediteur (de)	malve	מַלְוֶה (ז)
lener (de)	love	לֹוֶה (ז)
importeur (de)	yevu'an	יְבוּאָן (ז)
exporteur (de)	yetsu'an	יְצוּאָן (ז)
producent (de)	yatsran	יַצְרָן (ז)
distributeur (de)	mefits	מֵפִיץ (ז)
bemiddelaar (de)	metaveχ	מְתַוֵּךְ (ז)
adviseur, consulent (de)	yo'ets	יוֹעֵץ (ז)
vertegenwoordiger (de)	natsig meχirot	נְצִיג מְכִירוֹת (ז)
agent (de)	soχen	סוֹכֵן (ז)
verzekeringsagent (de)	soχen bi'tuaχ	סוֹכֵן בִּיטוּחַ (ז)

87. Dienstverlenende beroepen

kok (de)	tabaχ	טַבָּח (ז)
chef-kok (de)	ʃef	שֶׁף (ז)

bakker (de)	ofe	אוֹפֶה (ז)
barman (de)	'barmen	בַּרְמֶן (ז)
kelner, ober (de)	meltsar	מֶלְצַר (ז)
serveerster (de)	meltsarit	מֶלְצָרִית (נ)
advocaat (de)	orex din	עוֹרֵךְ דִּין (ז)
jurist (de)	orex din	עוֹרֵךְ דִּין (ז)
notaris (de)	notaryon	נוֹטַרְיוֹן (ז)
elektricien (de)	xaʃmalai	חַשְׁמַלַּאי (ז)
loodgieter (de)	ʃravrav	שְׁרַבְרָב (ז)
timmerman (de)	nagar	נַגָּר (ז)
masseur (de)	ma'ase	מְעַסֶּה (ז)
masseuse (de)	masa'ʒistit	מַסַאז׳ִיסְטִית (נ)
dokter, arts (de)	rofe	רוֹפֵא (ז)
taxichauffeur (de)	nahag monit	נֶהַג מוֹנִית (ז)
chauffeur (de)	nahag	נֶהָג (ז)
koerier (de)	ʃa'liax	שָׁלִיחַ (ז)
kamermeisje (het)	xadranit	חַדְרָנִית (נ)
bewaker (de)	ʃomer	שׁוֹמֵר (ז)
stewardess (de)	da'yelet	דַּיֶּילֶת (נ)
meester (de)	more	מוֹרֶה (ז)
bibliothecaris (de)	safran	סַפְרָן (ז)
vertaler (de)	metargem	מְתַרְגֵּם (ז)
tolk (de)	meturgeman	מְתוּרְגְּמָן (ז)
gids (de)	madrix tiyulim	מַדְרִיךְ טִיּוּלִים (ז)
kapper (de)	sapar	סַפָּר (ז)
postbode (de)	davar	דַּוָּר (ז)
verkoper (de)	moxer	מוֹכֵר (ז)
tuinman (de)	ganan	גַּנָּן (ז)
huisbediende (de)	meʃaret	מְשָׁרֵת (ז)
dienstmeisje (het)	meʃa'retet	מְשָׁרֶתֶת (נ)
schoonmaakster (de)	menaka	מְנַקָּה (נ)

88. Militaire beroepen en rangen

soldaat (rang)	turai	טוּרַאי (ז)
sergeant (de)	samal	סַמָּל (ז)
luitenant (de)	'segen	סֶגֶן (ז)
kapitein (de)	'seren	סֶרֶן (ז)
majoor (de)	rav 'seren	רַב־סֶרֶן (ז)
kolonel (de)	aluf miʃne	אַלּוּף מִשְׁנֶה (ז)
generaal (de)	aluf	אַלּוּף (ז)
maarschalk (de)	'marʃal	מַרְשָׁל (ז)
admiraal (de)	admiral	אַדְמִירָל (ז)
militair (de)	iʃ tsava	אִישׁ צָבָא (ז)
soldaat (de)	xayal	חַיָּל (ז)

officier (de)	katsin	קָצִין (ז)
commandant (de)	mefaked	מְפַקֵּד (ז)
grenswachter (de)	ʃomer gvul	שׁוֹמֵר גְּבוּל (ז)
marconist (de)	alxutai	אַלחוּטַאי (ז)
verkenner (de)	iʃ modi'in kravi	אִישׁ מוֹדִיעִין קְרָבִי (ז)
sappeur (de)	xablan	חַבְּלָן (ז)
schutter (de)	tsalaf	צַלָּף (ז)
stuurman (de)	navat	נַוָּט (ז)

89. Ambtenaren. Priesters

koning (de)	'melex	מֶלֶךְ (ז)
koningin (de)	malka	מַלְכָּה (נ)
prins (de)	nasix	נָסִיךְ (ז)
prinses (de)	nesixa	נְסִיכָה (נ)
tsaar (de)	tsar	צָאר (ז)
tsarina (de)	tsa'rina	צָאִרִינָה (נ)
president (de)	nasi	נָשִׂיא (ז)
minister (de)	sar	שַׂר (ז)
eerste minister (de)	roʃ memʃala	רֹאשׁ מֶמְשָׁלָה (ז)
senator (de)	se'nator	סֶנָאטוֹר (ז)
diplomaat (de)	diplomat	דִּיפְּלוֹמָט (ז)
consul (de)	'konsul	קוֹנְסוּל (ז)
ambassadeur (de)	ʃagrir	שַׁגְרִיר (ז)
adviseur (de)	yo'ets	יוֹעֵץ (ז)
ambtenaar (de)	pakid	פָּקִיד (ז)
prefect (de)	prefekt	פְּרֶפֶקְט (ז)
burgemeester (de)	roʃ ha'ir	רֹאשׁ הָעִיר (ז)
rechter (de)	ʃofet	שׁוֹפֵט (ז)
aanklager (de)	to've'a	תּוֹבֵעַ (ז)
missionaris (de)	misyoner	מִיסִיוֹנֵר (ז)
monnik (de)	nazir	נָזִיר (ז)
abt (de)	roʃ minzar ka'toli	רֹאשׁ מִנְזָר קָתוֹלִי (ז)
rabbi, rabbijn (de)	rav	רַב (ז)
vizier (de)	vazir	וָזִיר (ז)
sjah (de)	ʃax	שָׁאח (ז)
sjeik (de)	ʃeix	שֵׁיח (ז)

90. Agrarische beroepen

imker (de)	kavran	כַּוְּרָן (ז)
herder (de)	ro'e tson	רוֹעֶה צֹאן (ז)
landbouwkundige (de)	agronom	אַגְרוֹנוֹם (ז)

veehouder (de)	megadel bakar	מְגַדֵּל בָּקָר (ז)
dierenarts (de)	veterinar	וֶטֶרִינָר (ז)
landbouwer (de)	xavai	חַוַּאי (ז)
wijnmaker (de)	yeinan	יֵינָן (ז)
zoöloog (de)	zo'olog	זוֹאוֹלוֹג (ז)
cowboy (de)	'ka'uboi	קָאוּבּוֹי (ז)

91. Kunst beroepen

acteur (de)	saxkan	שַׂחְקָן (ז)
actrice (de)	saxkanit	שַׂחְקָנִית (נ)
zanger (de)	zamar	זַמָּר (ז)
zangeres (de)	za'meret	זַמֶּרֶת (נ)
danser (de)	rakdan	רַקְדָן (ז)
danseres (de)	rakdanit	רַקְדָנִית (נ)
artiest (mann.)	saxkan	שַׂחְקָן (ז)
artiest (vrouw.)	saxkanit	שַׂחְקָנִית (נ)
muzikant (de)	muzikai	מוּזִיקַאי (ז)
pianist (de)	psantran	פְּסַנְתְּרָן (ז)
gitarist (de)	nagan gi'tara	נַגָּן גִּיטָרָה (ז)
orkestdirigent (de)	mena'tseax	מְנַצֵּחַ (ז)
componist (de)	malxin	מַלְחִין (ז)
impresario (de)	amargan	אָמַרְגָּן (ז)
filmregisseur (de)	bamai	בַּמַּאי (ז)
filmproducent (de)	mefik	מֵפִיק (ז)
scenarioschrijver (de)	tasritai	תַּסְרִיטַאי (ז)
criticus (de)	mevaker	מְבַקֵּר (ז)
schrijver (de)	sofer	סוֹפֵר (ז)
dichter (de)	meʃorer	מְשׁוֹרֵר (ז)
beeldhouwer (de)	pasal	פַּסָּל (ז)
kunstenaar (de)	tsayar	צַיָּיר (ז)
jongleur (de)	lahatutan	לַהֲטוּטָן (ז)
clown (de)	leitsan	לֵיצָן (ז)
acrobaat (de)	akrobat	אַקְרוֹבָּט (ז)
goochelaar (de)	kosem	קוֹסֵם (ז)

92. Verschillende beroepen

dokter, arts (de)	rofe	רוֹפֵא (ז)
ziekenzuster (de)	axot	אָחוֹת (נ)
psychiater (de)	psixi''ater	פְּסִיכִיאָטֶר (ז)
tandarts (de)	rofe ʃi'nayim	רוֹפֵא שִׁינַיִים (ז)
chirurg (de)	kirurg	כִּירוּרְג (ז)

astronaut (de)	astro'na'ut	אַסְטְרוֹנָאוּט (ז)
astronoom (de)	astronom	אַסְטְרוֹנוֹם (ז)
piloot (de)	tayas	טַיָּס (ז)
chauffeur (de)	nahag	נֶהָג (ז)
machinist (de)	nahag ra'kevet	נֶהָג רַכֶּבֶת (ז)
mecanicien (de)	meχonai	מְכוֹנַאי (ז)
mijnwerker (de)	kore	כּוֹרֶה (ז)
arbeider (de)	po'el	פּוֹעֵל (ז)
bankwerker (de)	misgad	מַסְגֵּד (ז)
houtbewerker (de)	nagar	נַגָּר (ז)
draaier (de)	χarat	חָרָט (ז)
bouwvakker (de)	banai	בַּנַּאי (ז)
lasser (de)	rataχ	רַתָּךְ (ז)
professor (de)	pro'fesor	פְּרוֹפֶסוֹר (ז)
architect (de)	adriχal	אַדְרִיכָל (ז)
historicus (de)	historyon	הִיסְטוֹרְיוֹן (ז)
wetenschapper (de)	mad'an	מַדְעָן (ז)
fysicus (de)	fizikai	פִיזִיקַאי (ז)
scheikundige (de)	χimai	כִימַאי (ז)
archeoloog (de)	arχe'olog	אַרְכֵיאוֹלוֹג (ז)
geoloog (de)	ge'olog	גֵיאוֹלוֹג (ז)
onderzoeker (de)	χoker	חוֹקֵר (ז)
babysitter (de)	ʃmartaf	שְׁמַרְטַף (ז)
leraar, pedagoog (de)	more, meχaneχ	מוֹרֶה, מְחַנֵּךְ (ז)
redacteur (de)	oreχ	עוֹרֵךְ (ז)
chef-redacteur (de)	oreχ raʃi	עוֹרֵךְ רָאשִׁי (ז)
correspondent (de)	katav	כַּתָּב (ז)
typiste (de)	kaldanit	קַלְדָּנִית (נ)
designer (de)	me'atsev	מְעַצֵּב (ז)
computerexpert (de)	mumχe maχʃevim	מוּמְחֶה מַחְשְׁבִים (ז)
programmeur (de)	metaχnet	מְתַכְנֵת (ז)
ingenieur (de)	mehandes	מְהַנְדֵּס (ז)
matroos (de)	yamai	יַמַּאי (ז)
zeeman (de)	malaχ	מַלָּח (ז)
redder (de)	matsil	מַצִּיל (ז)
brandweerman (de)	kabai	כַּבַּאי (ז)
politieagent (de)	ʃoter	שׁוֹטֵר (ז)
nachtwaker (de)	ʃomer	שׁוֹמֵר (ז)
detective (de)	balaʃ	בַּלָּשׁ (ז)
douanier (de)	pakid 'meχes	פְּקִיד מֶכֶס (ז)
lijfwacht (de)	ʃomer roʃ	שׁוֹמֵר רֹאשׁ (ז)
gevangenisbewaker (de)	soher	סוֹהֵר (ז)
inspecteur (de)	mefa'keaχ	מְפַקֵּחַ (ז)
sportman (de)	sportai	סְפּוֹרְטַאי (ז)
trainer (de)	me'amen	מְאַמֵּן (ז)

slager, beenhouwer (de)	katsav	קַצָב (ז)
schoenlapper (de)	sandlar	סַנדלָר (ז)
handelaar (de)	soxer	סוֹחֵר (ז)
lader (de)	sabal	סַבָּל (ז)
kledingstilist (de)	me'atsev ofna	מְעַצֵב אוֹפנָה (ז)
model (het)	dugmanit	דוּגמָנִית (נ)

93. Beroepen. Sociale status

scholier (de)	talmid	תַלמִיד (ז)
student (de)	student	סטוּדֶנט (ז)
filosoof (de)	filosof	פִּילוֹסוֹף (ז)
econoom (de)	kalkelan	כַּלכְּלָן (ז)
uitvinder (de)	mamtsi	מַמצִיא (ז)
werkloze (de)	muvtal	מוּבטָל (ז)
gepensioneerde (de)	pensyoner	פֶּנסיוֹנֶר (ז)
spion (de)	meragel	מְרַגֵל (ז)
gedetineerde (de)	asir	אָסִיר (ז)
staker (de)	ʃovet	שוֹבֵת (ז)
bureaucraat (de)	birokrat	בִּירוֹקרָט (ז)
reiziger (de)	metayel	מְטַייֵל (ז)
homoseksueel (de)	'lesbit, 'homo	לֶסבִּית (נ), הוֹמוֹ (ז)
hacker (computerkraker)	'haker	הָאקֵר (ז)
hippie (de)	'hipi	הִיפִּי (ז)
bandiet (de)	ʃoded	שוֹדֵד (ז)
huurmoordenaar (de)	ro'tseax saxir	רוֹצֵחַ שָׂכִיר (ז)
drugsverslaafde (de)	narkoman	נַרקוֹמָן (ז)
drugshandelaar (de)	soxer samim	סוֹחֵר סַמִים (ז)
prostituee (de)	zona	זוֹנָה (נ)
pooier (de)	sarsur	סַרסוּר (ז)
tovenaar (de)	mexaʃef	מְכַשֵף (ז)
tovenares (de)	maxʃefa	מַכשֵפָה (נ)
piraat (de)	ʃoded yam	שוֹדֵד יָם (ז)
slaaf (de)	ʃifxa, 'eved	שִפחָה (נ), עֶבֶד (ז)
samoerai (de)	samurai	סָמוּרַאי (ז)
wilde (de)	'pere adam	פֶּרֶא אָדָם (ז)

Onderwijs

94. School

school (de)	beit 'sefer	בֵּית סֵפֶר (ז)
schooldirecteur (de)	menahel beit 'sefer	מְנַהֵל בֵּית סֵפֶר (ז)
leerling (de)	talmid	תַלְמִיד (ז)
leerlinge (de)	talmida	תַלְמִידָה (נ)
scholier (de)	talmid	תַלְמִיד (ז)
scholiere (de)	talmida	תַלְמִידָה (נ)
leren (lesgeven)	lelamed	לְלַמֵד
studeren (bijv. een taal ~)	lilmod	לִלְמוֹד
van buiten leren	lilmod be'al pe	לִלְמוֹד בְּעַל פֶּה
leren (bijv. ~ tellen)	lilmod	לִלְמוֹד
in school zijn	lilmod	לִלְמוֹד
(schooljongen zijn)		
naar school gaan	la'leχet le'beit 'sefer	לָלֶכֶת לְבֵית סֵפֶר
alfabet (het)	alefbeit	אָלֶפבֵּית (ז)
vak (schoolvak)	mik'tso'a	מִקצוֹעַ (ז)
klaslokaal (het)	kita	כִּיתָה (נ)
les (de)	ʃi'ur	שִיעוּר (ז)
pauze (de)	hafsaka	הַפסָקָה (נ)
bel (de)	pa'amon	פַּעֲמוֹן (ז)
schooltafel (de)	ʃulχan limudim	שוּלחַן לִימוּדִים (ז)
schoolbord (het)	'luaχ	לוּחַ (ז)
cijfer (het)	tsiyun	צִיוּן (ז)
goed cijfer (het)	tsiyun tov	צִיוּן טוֹב (ז)
slecht cijfer (het)	tsiyun ga'ru'a	צִיוּן גָרוּעַ (ז)
een cijfer geven	latet tsiyun	לָתֵת צִיוּן
fout (de)	ta'ut	טָעוּת (נ)
fouten maken	la'asot ta'uyot	לַעֲשׂוֹת טָעוּיוֹת
corrigeren (fouten ~)	letaken	לְתַקֵן
spiekbriefje (het)	ʃlif	שלִיף (ז)
huiswerk (het)	ʃi'urei 'bayit	שִיעוּרֵי בַּיִת (ז"ר)
oefening (de)	targil	תַרגִיל (ז)
aanwezig zijn (ww)	lihyot no'χeaχ	לִהיוֹת נוֹכֵחַ
absent zijn (ww)	lehe'ader	לְהֵיעָדֵר
school verzuimen	lehaχsir	לְהַחסִיר
bestraffen (een stout kind ~)	leha'aniʃ	לְהַעֲנִיש
bestraffing (de)	'oneʃ	עוֹנֶש (ז)

gedrag (het)	hitnahagut	הִתְנַהֲגוּת (נ)
cijferlijst (de)	yoman beit 'sefer	יוֹמָן בֵּית סֵפֶר (ז)
potlood (het)	iparon	עִיפָּרוֹן (ז)
gom (de)	'maxak	מַחַק (ז)
krijt (het)	gir	גִיר (ז)
pennendoos (de)	kalmar	קַלְמָר (ז)
boekentas (de)	yalkut	יַלְקוּט (ז)
pen (de)	et	עֵט (ז)
schrift (de)	max'beret	מַחְבֶּרֶת (נ)
leerboek (het)	'sefer limud	סֵפֶר לִימוּד (ז)
passer (de)	mexuga	מְחוּגָה (נ)
technisch tekenen (ww)	lesartet	לְשַׂרְטֵט
technische tekening (de)	sirtut	שִׂרְטוּט (ז)
gedicht (het)	ʃir	שִׁיר (ז)
van buiten (bw)	be'al pe	בְּעַל פֶּה
van buiten leren	lilmod be'al pe	לִלְמוֹד בְּעַל פֶּה
vakantie (de)	xuʃʃa	חוּפְשָׁה (נ)
met vakantie zijn	lihyot bexuʃʃa	לִהְיוֹת בְּחוּפְשָׁה
vakantie doorbrengen	leha'avir 'xofeʃ	לְהַעֲבִיר חוֹפֶשׁ
toets (schriftelijke ~)	mivxan	מִבְחָן (ז)
opstel (het)	xibur	חִיבּוּר (ז)
dictee (het)	haxtava	הַכְתָּבָה (נ)
examen (het)	bxina	בְּחִינָה (נ)
examen afleggen	lehibaxen	לְהִיבָּחֵן
experiment (het)	nisui	נִיסוּי (ז)

95. Hogeschool. Universiteit

academie (de)	aka'demya	אָקָדֶמְיָה (נ)
universiteit (de)	uni'versita	אוּנִיבֶרְסִיטָה (נ)
faculteit (de)	fa'kulta	פָקוּלְטָה (נ)
student (de)	student	סְטוּדֶנְט (ז)
studente (de)	stu'dentit	סְטוּדֶנְטִית (נ)
leraar (de)	martse	מַרְצֶה (ז)
collegezaal (de)	ulam hartsa'ot	אוּלַם הַרְצָאוֹת (ז)
afgestudeerde (de)	boger	בּוֹגֵר (ז)
diploma (het)	di'ploma	דִיפְּלוֹמָה (נ)
dissertatie (de)	diser'tatsya	דִיסֶרְטַצְיָה (נ)
onderzoek (het)	mexkar	מֶחְקָר (ז)
laboratorium (het)	ma'abada	מַעְבָּדָה (נ)
college (het)	hartsa'a	הַרְצָאָה (נ)
medestudent (de)	xaver lelimudim	חָבֵר לְלִימוּדִים (ז)
studiebeurs (de)	milga	מִלְגָה (נ)
academische graad (de)	'to'ar aka'demi	תוֹאַר אָקָדָמִי (ז)

96. Wetenschappen. Disciplines

wiskunde (de)	mate'matika	מָתֶמָטִיקָה (נ)
algebra (de)	'algebra	אַלְגֶּבְּרָה (נ)
meetkunde (de)	ge'o'metriya	גֵּיאוֹמֶטְרְיָה (נ)
astronomie (de)	astro'nomya	אַסְטְרוֹנוֹמְיָה (נ)
biologie (de)	bio'logya	בְּיוֹלוֹגְיָה (נ)
geografie (de)	ge'o'grafya	גֵּיאוֹגְרַפְיָה (נ)
geologie (de)	ge'o'logya	גֵּיאוֹלוֹגְיָה (נ)
geschiedenis (de)	his'torya	הִיסְטוֹרְיָה (נ)
geneeskunde (de)	refu'a	רְפוּאָה (נ)
pedagogiek (de)	xinux	חִינוּך (ז)
rechten (mv.)	miʃpatim	מִשְׁפָּטִים (ז"ר)
fysica, natuurkunde (de)	'fizika	פִיזִיקָה (נ)
scheikunde (de)	'ximya	כִימְיָה (נ)
filosofie (de)	filo'sofya	פִילוֹסוֹפְיָה (נ)
psychologie (de)	psixo'logya	פְסִיכוֹלוֹגְיָה (נ)

97. Schrift. Spelling

grammatica (de)	dikduk	דִקְדוּק (ז)
vocabulaire (het)	otsar milim	אוֹצַר מִילִים (ז)
fonetiek (de)	torat ha'hege	תוֹרַת הַהֶגֶה (נ)
zelfstandig naamwoord (het)	ʃem 'etsem	שֵׁם עֶצֶם (ז)
bijvoeglijk naamwoord (het)	ʃem 'to'ar	שֵׁם תוֹאַר (ז)
werkwoord (het)	po'el	פּוֹעַל (ז)
bijwoord (het)	'to'ar 'po'al	תוֹאַר פּוֹעַל (ז)
voornaamwoord (het)	ʃem guf	שֵׁם גוּף (ז)
tussenwerpsel (het)	milat kri'a	מִילַת קְרִיאָה (נ)
voorzetsel (het)	milat 'yaxas	מִילַת יַחַס (נ)
stam (de)	'ʃoreʃ	שׁוֹרֶשׁ (ז)
achtervoegsel (het)	si'yomet	סִיוֹמֶת (נ)
voorvoegsel (het)	txilit	תְחִילִית (נ)
lettergreep (de)	havara	הֲבָרָה (נ)
achtervoegsel (het)	si'yomet	סִיוֹמֶת (נ)
nadruk (de)	'ta'am	טַעַם (ז)
afkappingsteken (het)	'gereʃ	גֶרֶשׁ (ז)
punt (de)	nekuda	נְקוּדָה (נ)
komma (de/het)	psik	פְּסִיק (ז)
puntkomma (de)	nekuda ufsik	נְקוּדָה וּפְסִיק (נ)
dubbelpunt (de)	nekudo'tayim	נְקוּדוֹתַיִים (נ"ר)
beletselteken (het)	ʃaloʃ nekudot	שָׁלוֹשׁ נְקוּדוֹת (נ"ר)
vraagteken (het)	siman ʃe'ela	סִימָן שְׁאֵלָה (ז)
uitroepteken (het)	siman kri'a	סִימָן קְרִיאָה (ז)

aanhaligstekens (mv.)	merxa'ot	מֵרְכָאוֹת (ז"ר)
tussen aanhalingstekens (bw)	bemerxa'ot	בְּמֵרְכָאוֹת
haakjes (mv.)	sog'rayim	סוֹגְרַיִים (ז"ר)
tussen haakjes (bw)	besog'rayim	בְּסוֹגְרַיִים
streepje (het)	makaf	מַקָּף (ז)
gedachtestreepje (het)	kav mafrid	קַו מַפְרִיד (ז)
spatie (~ tussen twee woorden)	'revax	רֶוַח (ז)
letter (de)	ot	אוֹת (נ)
hoofdletter (de)	ot gdola	אוֹת גְדוֹלָה (נ)
klinker (de)	tnu'a	תְנוּעָה (נ)
medeklinker (de)	itsur	עִיצוּר (ז)
zin (de)	mifpat	מִשְׁפָּט (ז)
onderwerp (het)	nose	נוֹשֵׂא (ז)
gezegde (het)	nasu	נָשׂוּא (ז)
regel (in een tekst)	fura	שׁוּרָה (נ)
op een nieuwe regel (bw)	befura xadafa	בְּשׁוּרָה חֲדָשָׁה
alinea (de)	piska	פִּסְקָה (נ)
woord (het)	mila	מִילָה (נ)
woordgroep (de)	tsiruf milim	צֵירוּף מִילִים (ז)
uitdrukking (de)	bitui	בִּיטוּי (ז)
synoniem (het)	mila nir'defet	מִילָה נִרְדֶפֶת (נ)
antoniem (het)	'hefex	הֶפֶךְ (ז)
regel (de)	klal	כְּלָל (ז)
uitzondering (de)	yotse min haklal	יוֹצֵא מִן הַכְּלָל (ז)
correct (bijv. ~e spelling)	naxon	נָכוֹן
vervoeging, conjugatie (de)	hataya	הַטָּיָיה (נ)
verbuiging, declinatie (de)	hataya	הַטָּיָיה (נ)
naamval (de)	yaxasa	יַחֲסָה (נ)
vraag (de)	fe'ela	שְׁאֵלָה (נ)
onderstrepen (ww)	lehadgif	לְהַדְגִישׁ
stippellijn (de)	kav nakud	קַו נָקוּד (ז)

98. Vreemde talen

taal (de)	safa	שָׂפָה (נ)
vreemd (bn)	zar	זָר
vreemde taal (de)	safa zara	שָׂפָה זָרָה (נ)
leren (bijv. van buiten ~)	lilmod	לִלְמוֹד
studeren (Nederlands ~)	lilmod	לִלְמוֹד
lezen (ww)	likro	לִקְרוֹא
spreken (ww)	ledaber	לְדַבֵּר
begrijpen (ww)	lehavin	לְהָבִין
schrijven (ww)	lixtov	לִכְתוֹב
snel (bw)	maher	מַהֵר

langzaam (bw)	le'at	לְאַט
vloeiend (bw)	χoffi	חוֹפְשִׁי
regels (mv.)	klalim	כְּלָלִים (ז״ר)
grammatica (de)	dikduk	דִּקְדּוּק (ז)
vocabulaire (het)	otsar milim	אוֹצַר מִילִים (ז)
fonetiek (de)	torat ha'hege	תּוֹרַת הַהֲגָה (נ)
leerboek (het)	'sefer limud	סֵפֶר לִימוּד (ז)
woordenboek (het)	milon	מִילוֹן (ז)
leerboek (het) voor zelfstudie	'sefer lelimud atsmi	סֵפֶר לְלִימוּד עַצְמִי (ז)
taalgids (de)	siχon	שִׂיחוֹן (ז)
cassette (de)	ka'letet	קַלֶּטֶת (נ)
videocassette (de)	ka'letet 'vide'o	קַלֶּטֶת וִידֵיאוֹ (נ)
CD (de)	taklitor	תַּקְלִיטוֹר (ז)
DVD (de)	di vi di	דִי. וִי. דִי. (ז)
alfabet (het)	alefbeit	אָלֶפְבֵּית (ז)
spellen (ww)	le'ayet	לְאַיֵּת
uitspraak (de)	hagiya	הֲגִיָּה (נ)
accent (het)	mivta	מִבְטָא (ז)
met een accent (bw)	im mivta	עִם מִבְטָא
zonder accent (bw)	bli mivta	בְּלִי מִבְטָא
woord (het)	mila	מִילָה (נ)
betekenis (de)	maʃma'ut	מַשְׁמָעוּת (נ)
cursus (de)	kurs	קוּרְס (ז)
zich inschrijven (ww)	leheraʃem lekurs	לְהֵירָשֵׁם לְקוּרְס
leraar (de)	more	מוֹרֶה (ז)
vertaling (een ~ maken)	tirgum	תַּרְגּוּם (ז)
vertaling (tekst)	tirgum	תַּרְגּוּם (ז)
vertaler (de)	metargem	מְתַרְגֵּם (ז)
tolk (de)	meturgeman	מְתוּרְגְּמָן (ז)
polyglot (de)	poliglot	פּוֹלִיגְלוֹט (ז)
geheugen (het)	zikaron	זִיכָּרוֹן (ז)

Rusten. Entertainment. Reizen

99. Trip. Reizen

toerisme (het)	tayarut	תַּיָּירוּת (נ)
toerist (de)	tayar	תַּיָּיר (ז)
reis (de)	tiyul	טִיּוּל (ז)
avontuur (het)	harpatka	הַרְפַּתְקָה (נ)
tocht (de)	nesi'a	נְסִיעָה (נ)
vakantie (de)	xuffa	חוּפְשָׁה (נ)
met vakantie zijn	lihyot bexuffa	לִהְיוֹת בְּחוּפְשָׁה
rust (de)	menuxa	מְנוּחָה (נ)
trein (de)	ra'kevet	רַכֶּבֶת (נ)
met de trein	bera'kevet	בְּרַכֶּבֶת
vliegtuig (het)	matos	מָטוֹס (ז)
met het vliegtuig	bematos	בְּמָטוֹס
met de auto	bemexonit	בִּמְכוֹנִית
per schip (bw)	be'oniya	בָּאֳונִיָּיה
bagage (de)	mit'an	מִטְעָן (ז)
valies (de)	mizvada	מִזְוָודָה (נ)
bagagekarretje (het)	eglat mit'an	עֶגְלַת מִטְעָן (נ)
paspoort (het)	darkon	דַּרְכּוֹן (ז)
visum (het)	'viza, afra	וִיזָה, אַשְׁרָה (נ)
kaartje (het)	kartis	כַּרְטִיס (ז)
vliegticket (het)	kartis tisa	כַּרְטִיס טִיסָה (ז)
reisgids (de)	madrix	מַדְרִיךְ (ז)
kaart (de)	mapa	מַפָּה (נ)
gebied (landelijk ~)	ezor	אֵזוֹר (ז)
plaats (de)	makom	מָקוֹם (ז)
exotische bestemming (de)	ek'zotika	אֶקְזוֹטִיקָה (נ)
exotisch (bn)	ek'zoti	אֶקְזוֹטִי
verwonderlijk (bn)	nifla	נִפְלָא
groep (de)	kvutsa	קְבוּצָה (נ)
rondleiding (de)	tiyul	טִיּוּל (ז)
gids (de)	madrix tiyulim	מַדְרִיךְ טִיּוּלִים (ז)

100. Hotel

motel (het)	motel	מוֹטֶל (ז)
3-sterren	ʃloʃa koxavim	שְׁלוֹשָׁה כּוֹכָבִים
5-sterren	xamiʃa koxavim	חֲמִישָׁה כּוֹכָבִים

overnachten (ww)	lehit'axsen	לְהִתְאַכְסֵן
kamer (de)	'xeder	חֶדֶר (ז)
eenpersoonskamer (de)	'xeder yaxid	חֶדֶר יָחִיד (ז)
tweepersoonskamer (de)	'xeder zugi	חֶדֶר זוּגִי (ז)
een kamer reserveren	lehazmin 'xeder	לְהַזְמִין חֶדֶר
halfpension (het)	xatsi pensiyon	חֲצִי פֶּנְסִיוֹן (ז)
volpension (het)	pensyon male	פֶּנְסִיוֹן מָלֵא (ז)
met badkamer	im am'batya	עִם אַמְבַּטְיָה
met douche	im mik'laxat	עִם מִקְלַחַת
satelliet-tv (de)	tele'vizya bekvalim	טֶלֶוִיזְיָה בְּכְּבָלִים (נ)
airconditioner (de)	mazgan	מַזְגָן (ז)
handdoek (de)	ma'gevet	מַגֶּבֶת (נ)
sleutel (de)	maf'teax	מַפְתֵּחַ (ז)
administrateur (de)	amarkal	אֲמַרְכָּל (ז)
kamermeisje (het)	xadranit	חַדְרָנִית (נ)
piccolo (de)	sabal	סַבָּל (ז)
portier (de)	pakid kabala	פְּקִיד קַבָּלָה (ז)
restaurant (het)	mis'ada	מִסְעָדָה (נ)
bar (de)	bar	בָּר (ז)
ontbijt (het)	aruxat 'boker	אֲרוּחַת בּוֹקֶר (נ)
avondeten (het)	aruxat 'erev	אֲרוּחַת עֶרֶב (נ)
buffet (het)	miznon	מִזְנוֹן (ז)
hal (de)	'lobi	לוֹבִּי (ז)
lift (de)	ma'alit	מַעֲלִית (נ)
NIET STOREN	lo lehafri'a	לֹא לְהַפְרִיעַ
VERBODEN TE ROKEN!	asur le'aʃen!	אָסוּר לְעַשֵׁן!

TECHNISCHE APPARATUUR. VERVOER

Technische apparatuur

101. Computer

computer (de)	maxʃev	מַחְשֵׁב (ז)
laptop (de)	maxʃev nayad	מַחְשֵׁב נַיָּד (ז)
aanzetten (ww)	lehadlik	לְהַדְלִיק
uitzetten (ww)	lexabot	לְכַבּוֹת
toetsenbord (het)	mik'ledet	מִקְלֶדֶת (נ)
toets (enter~)	makaʃ	מַקָּשׁ (ז)
muis (de)	axbar	עַכְבָּר (ז)
muismat (de)	ʃa'tiax le'axbar	שָׁטִיחַ לְעַכְבָּר (ז)
knopje (het)	kaftor	כַּפְתּוֹר (ז)
cursor (de)	saman	סַמָּן (ז)
monitor (de)	masax	מָסָךְ (ז)
scherm (het)	tsag	צַג (ז)
harde schijf (de)	disk ka'ʃiax	דִּיסְק קָשִׁיחַ (ז)
volume (het) van de harde schijf	'nefax disk ka'ʃiax	נֶפַח דִּיסְק קָשִׁיחַ (ז)
geheugen (het)	zikaron	זִיכָּרוֹן (ז)
RAM-geheugen (het)	zikaron giʃa akra'it	זִיכָּרוֹן גִּישָׁה אַקְרָאִית (ז)
bestand (het)	'kovets	קוֹבֶץ (ז)
folder (de)	tikiya	תִּיקִיָּה (נ)
openen (ww)	lif'toax	לִפְתּוֹחַ
sluiten (ww)	lisgor	לִסְגּוֹר
opslaan (ww)	liʃmor	לִשְׁמוֹר
verwijderen (wissen)	limxok	לִמְחוֹק
kopiëren (ww)	leha'atik	לְהַעֲתִיק
sorteren (ww)	lemayen	לְמַיֵּן
overplaatsen (ww)	leha'avir	לְהַעֲבִיר
programma (het)	toxna	תּוֹכְנָה (נ)
software (de)	toxna	תּוֹכְנָה (נ)
programmeur (de)	metaxnet	מְתַכְנֵת (ז)
programmeren (ww)	letaxnet	לְתַכְנֵת
hacker (computerkraker)	'haker	הָאקֶר (ז)
wachtwoord (het)	sisma	סִיסְמָה (נ)
virus (het)	'virus	וִירוּס (ז)
ontdekken (virus ~)	limtso, le'ater	לִמְצוֹא, לְאַתֵּר

byte (de)	bait	בָּיְט (ז)
megabyte (de)	megabait	מֶגָבָּיְט (ז)
data (de)	netunim	נְתוּנִים (ז״ר)
databank (de)	bsis netunim	בְּסִיס נְתוּנִים (ז)
kabel (USB-~, enz.)	'kevel	כֶּבֶל (ז)
afsluiten (ww)	lenatek	לְנַתֵּק
aansluiten op (ww)	leχaber	לְחַבֵּר

102. Internet. E-mail

internet (het)	'internet	אִינְטֶרְנֶט (ז)
browser (de)	dafdefan	דַּפְדְּפָן (ז)
zoekmachine (de)	ma'no'a χipus	מָנוֹעַ חִיפּוּשׂ (ז)
internetprovider (de)	sapak	סַפָּק (ז)
webmaster (de)	menahel ha'atar	מְנַהֵל הָאֲתָר (ז)
website (de)	atar	אֲתָר (ז)
webpagina (de)	daf 'internet	דַּף אִינְטֶרְנֶט (ז)
adres (het)	'ktovet	כְּתוֹבֶת (נ)
adresboek (het)	'sefer ktovot	סֵפֶר כְּתוֹבוֹת (ז)
postvak (het)	teivat 'do'ar	תֵּיבַת דּוֹאַר (נ)
post (de)	'do'ar, 'do'al	דּוֹאַר (ז), דּוֹא״ל (ז)
vol (~ postvak)	gaduʃ	גָּדוּשׁ
bericht (het)	hoda'a	הוֹדָעָה (נ)
binnenkomende berichten (mv.)	hoda'ot niχnasot	הוֹדָעוֹת נִכְנָסוֹת (נ״ר)
uitgaande berichten (mv.)	hoda'ot yots'ot	הוֹדָעוֹת יוֹצְאוֹת (נ״ר)
verzender (de)	ʃo'leaχ	שׁוֹלֵחַ (ז)
verzenden (ww)	liʃ'loaχ	לִשְׁלוֹחַ
verzending (de)	ʃliχa	שְׁלִיחָה (נ)
ontvanger (de)	nim'an	נִמְעָן (ז)
ontvangen (ww)	lekabel	לְקַבֵּל
correspondentie (de)	hitkatvut	הִתְכַּתְּבוּת (נ)
corresponderen (met ...)	lehitkatev	לְהִתְכַּתֵּב
bestand (het)	'kovets	קוֹבֶץ (ז)
downloaden (ww)	lehorid	לְהוֹרִיד
creëren (ww)	litsor	לִיצוֹר
verwijderen (een bestand ~)	limχok	לִמְחוֹק
verwijderd (bn)	maχuk	מָחוּק
verbinding (de)	χibur	חִיבּוּר (ז)
snelheid (de)	mehirut	מְהִירוּת (נ)
modem (de)	'modem	מוֹדֶם (ז)
toegang (de)	giʃa	גִּישָׁה (נ)
poort (de)	port	פּוֹרְט (ז)
aansluiting (de)	χibur	חִיבּוּר (ז)

T&P Books. Thematische woordenschat Nederlands-Hebreeuws - 5000 woorden

zich aansluiten (ww)	lehitxaber	לְהִתְחַבֵּר
selecteren (ww)	livxor	לִבְחוֹר
zoeken (ww)	lexapes	לְחַפֵּשׂ

103. Elektriciteit

elektriciteit (de)	xaʃmal	חַשְׁמַל (ז)
elektrisch (bn)	xaʃmali	חַשְׁמַלִי
elektriciteitscentrale (de)	taxanat 'koax	תַחֲנַת כּוֹחַ (נ)
energie (de)	e'nergya	אֶנֶרְגְיָה (נ)
elektrisch vermogen (het)	e'nergya xaʃmalit	אֶנֶרְגְיָה חַשְׁמַלִית (נ)

lamp (de)	nura	נוּרָה (נ)
zaklamp (de)	panas	פָּנָס (ז)
straatlantaarn (de)	panas rexov	פָּנָס רְחוֹב (ז)

licht (elektriciteit)	or	אוֹר (ז)
aandoen (ww)	lehadlik	לְהַדְלִיק
uitdoen (ww)	lexabot	לְכַבּוֹת
het licht uitdoen	lexabot	לְכַבּוֹת

doorbranden (gloeilamp)	lehisaref	לְהִישָׂרֵף
kortsluiting (de)	'ketʃer	קֶצֶר (ז)
onderbreking (de)	xut ka'ru'a	חוּט קָרוּעַ (ז)
contact (het)	maga	מַגָּע (ז)

schakelaar (de)	'meteg	מֶתֶג (ז)
stopcontact (het)	'ʃeka	שֶׁקַע (ז)
stekker (de)	'teka	תֶקַע (ז)
verlengsnoer (de)	'kabel ma'arix	כַּבֶּל מַאֲרִיךְ (ז)

zekering (de)	natix	נָתִיךְ (ז)
kabel (de)	xut	חוּט (ז)
bedrading (de)	xivut	חִיווּט (ז)

ampère (de)	amper	אַמְפֵּר (ז)
stroomsterkte (de)	'zerem xaʃmali	זֶרֶם חַשְׁמַלִי (ז)
volt (de)	volt	ווֹלְט (ז)
spanning (de)	'metax	מֶתַח (ז)

| elektrisch toestel (het) | maxʃir xaʃmali | מַכְשִׁיר חַשְׁמַלִי (ז) |
| indicator (de) | maxvan | מַחְווָן (ז) |

elektricien (de)	xaʃmalai	חַשְׁמַלַאי (ז)
solderen (ww)	lehalxim	לְהַלְחִים
soldeerbout (de)	malxem	מַלְחֵם (ז)
stroom (de)	'zerem	זֶרֶם (ז)

104. Gereedschappen

| werktuig (stuk gereedschap) | kli | כְּלִי (ז) |
| gereedschap (het) | klei avoda | כְּלֵי עֲבוֹדָה (ז״ר) |

uitrusting (de)	tsiyud	ציוד (ז)
hamer (de)	patiʃ	פַּטִּישׁ (ז)
schroevendraaier (de)	mavreg	מַבְרֵג (ז)
bijl (de)	garzen	גַּרְזֶן (ז)
zaag (de)	masor	מַסּוֹר (ז)
zagen (ww)	lenaser	לְנַסֵּר
schaaf (de)	maktso'a	מַקְצוּעָה (נ)
schaven (ww)	lehak'tsi'a	לְהַקְצִיעַ
soldeerbout (de)	malxem	מַלְחֵם (ז)
solderen (ww)	lehalxim	לְהַלְחִים
vijl (de)	ptsira	פְּצִירָה (נ)
nijptang (de)	tsvatot	צְבָתוֹת (נ״ר)
combinatietang (de)	mel'kaxat	מֶלְקַחַת (נ)
beitel (de)	izmel	אִזְמֵל (ז)
boorkop (de)	mak'deax	מַקְדֵּחַ (ז)
boormachine (de)	makdexa	מַקְדֵּחָה (נ)
boren (ww)	lik'doax	לִקְדּוֹחַ
mes (het)	sakin	סַכִּין (ז, נ)
zakmes (het)	olar	אוֹלָר (ז)
lemmet (het)	'lahav	לַהַב (ז)
scherp (bijv. ~ mes)	xad	חַד
bot (bn)	kehe	קֵהֶה
bot raken (ww)	lehitkahot	לְהִתְקַהוֹת
slijpen (een mes ~)	lehaʃxiz	לְהַשְׁחִיז
bout (de)	'boreg	בּוֹרֶג (ז)
moer (de)	om	אוּם (ז)
schroefdraad (de)	tavrig	תַּבְרִיג (ז)
houtschroef (de)	'boreg	בּוֹרֶג (ז)
nagel (de)	masmer	מַסְמֵר (ז)
kop (de)	roʃ hamasmer	רֹאשׁ הַמַּסְמֵר (ז)
liniaal (de/het)	sargel	סַרְגֵּל (ז)
rolmeter (de)	'seret meida	סֶרֶט מֵידָה (ז)
waterpas (de/het)	'peles	פֶּלֶס (ז)
loep (de)	zxuxit mag'delet	זְכוּכִית מַגְדֶּלֶת (נ)
meetinstrument (het)	maxʃir medida	מַכְשִׁיר מְדִידָה (ז)
opmeten (ww)	limdod	לִמְדּוֹד
schaal (meetschaal)	'skala	סְקָאלָה (נ)
gegevens (mv.)	medida	מְדִידָה (נ)
compressor (de)	madxes	מַדְחֵס (ז)
microscoop (de)	mikroskop	מִיקְרוֹסְקוֹפּ (ז)
pomp (de)	maʃeva	מַשְׁאֵבָה (נ)
robot (de)	robot	רוֹבּוֹט (ז)
laser (de)	'leizer	לֵייזֶר (ז)
moersleutel (de)	maf'teax bragim	מַפְתֵּחַ בְּרָגִים (ז)
plakband (de)	neyar 'devek	נְיַיר דֶּבֶק (ז)

lijm (de)	'devek	דֶּבֶק (ז)
schuurpapier (het)	neyar zxuxit	נְיָיר זְכוּכִית (ז)
veer (de)	kfits	קְפִיץ (ז)
magneet (de)	magnet	מַגְנֵט (ז)
handschoenen (mv.)	kfafot	כְּפָפוֹת (נ"ר)
touw (bijv. henneptouw)	'xevel	חֶבֶל (ז)
snoer (het)	srox	שְׂרוֹך (ז)
draad (de)	xut	חוּט (ז)
kabel (de)	'kevel	כֶּבֶל (ז)
moker (de)	kurnas	קוּרְנָס (ז)
breekijzer (het)	lom	לוֹם (ז)
ladder (de)	sulam	סוּלָם (ז)
trapje (inklapbaar ~)	sulam	סוּלָם (ז)
aanschroeven (ww)	lehavrig	לְהַבְרִיג
losschroeven (ww)	lif'toax, lehavrig	לִפְתּוֹחַ, לְהַבְרִיג
dichtpersen (ww)	lehadek	לְהַדֵק
vastlijmen (ww)	lehadbik	לְהַדְבִּיק
snijden (ww)	laxtox	לַחְתּוֹך
defect (het)	takala	תַּקָלָה (נ)
reparatie (de)	tikun	תִּיקוּן (ז)
repareren (ww)	letaken	לְתַקֵן
regelen (een machine ~)	lexavnen	לְכַוֵון
nakijken (ww)	livdok	לִבְדוֹק
controle (de)	bdika	בְּדִיקָה (נ)
gegevens (mv.)	kri'a	קְרִיאָה (נ)
degelijk (bijv. ~ machine)	amin	אָמִין
ingewikkeld (bn)	murkav	מוּרְכָּב
roesten (ww)	lehaxlid	לְהַחְלִיד
roestig (bn)	xalud	חָלוּד
roest (de/het)	xaluda	חֲלוּדָה (נ)

Vervoer

105. Vliegtuig

vliegtuig (het)	matos	מָטוֹס (ז)
vlieticket (het)	kartis tisa	כַּרְטִיס טִיסָה (ז)
luchtvaartmaatschappij (de)	xevrat te'ufa	חֶבְרַת תְעוּפָה (נ)
luchthaven (de)	nemal te'ufa	נְמַל תְעוּפָה (ז)
supersonisch (bn)	al koli	עַל קוֹלִי
gezagvoerder (de)	kabarnit	קַבַּרְנִיט (ז)
bemanning (de)	'tsevet	צֶוֶת (ז)
piloot (de)	tayas	טַיָיס (ז)
stewardess (de)	da'yelet	דַייֶלֶת (נ)
stuurman (de)	navat	נַוָוט (ז)
vleugels (mv.)	kna'fayim	כְּנָפַיִים (נ"ר)
staart (de)	zanav	זָנָב (ז)
cabine (de)	'kokpit	קוֹקְפִּיט (ז)
motor (de)	ma'no'a	מָנוֹעַ (ז)
landingsgestel (het)	kan nesi'a	כַּן נְסִיעָה (ז)
turbine (de)	tur'bina	טוּרְבִּינָה (נ)
propeller (de)	madxef	מַדְחֵף (ז)
zwarte doos (de)	kufsa ʃxora	קוּפְסָה שחוֹרָה (נ)
stuur (het)	'hege	הָגֶה (ז)
brandstof (de)	'delek	דֶלֶק (ז)
veiligheidskaart (de)	hora'ot betixut	הוֹרָאוֹת בְּטִיחוּת (נ"ר)
zuurstofmasker (het)	masexat xamtsan	מַסֵיכַת חַמצָן (נ)
uniform (het)	madim	מַדִים (ז"ר)
reddingsvest (de)	xagorat hatsala	חָגוֹרַת הַצָלָה (נ)
parachute (de)	mitsnax	מִצְנָח (ז)
opstijgen (het)	hamra'a	הַמְרָאָה (נ)
opstijgen (ww)	lehamri	לְהַמְרִיא
startbaan (de)	maslul hamra'a	מַסלוּל הַמְרָאָה (ז)
zicht (het)	re'ut	רְאוּת (נ)
vlucht (de)	tisa	טִיסָה (נ)
hoogte (de)	'gova	גוֹבָה (ז)
luchtzak (de)	kis avir	כִּיס אֲוִויר (ז)
plaats (de)	moʃav	מוֹשָב (ז)
koptelefoon (de)	ozniyot	אוֹזנִיוֹת (נ"ר)
tafeltje (het)	magaʃ mitkapel	מַגָש מִתקַפֵּל (ז)
venster (het)	tsohar	צוֹהַר (ז)
gangpad (het)	ma'avar	מַעֲבָר (ז)

106. Trein

trein (de)	ra'kevet	רַכֶּבֶת (נ)
elektrische trein (de)	ra'kevet parvarim	רַכֶּבֶת פַּרְבָרִים (נ)
sneltrein (de)	ra'kevet mehira	רַכֶּבֶת מְהִירָה (נ)
diesellocomotief (de)	katar 'dizel	קַטָר דִיזֶל (ז)
locomotief (de)	katar	קַטָר (ז)
rijtuig (het)	karon	קָרוֹן (ז)
restauratierijtuig (het)	kron mis'ada	קְרוֹן מִסְעָדָה (ז)
rails (mv.)	mesilot	מְסִילוֹת (נ״ר)
spoorweg (de)	mesilat barzel	מְסִילַת בַּרְזֶל (נ)
dwarsligger (de)	'eden	אֶדֶן (ז)
perron (het)	ratsif	רָצִיף (ז)
spoor (het)	mesila	מְסִילָה (נ)
semafoor (de)	ramzor	רַמְזוֹר (ז)
halte (bijv. kleine treinhalte)	taxana	תַחֲנָה (נ)
machinist (de)	nahag ra'kevet	נֶהָג רַכֶּבֶת (ז)
kruier (de)	sabal	סַבָּל (ז)
conducteur (de)	sadran ra'kevet	סַדְרָן רַכֶּבֶת (ז)
passagier (de)	no'se'a	נוֹסֵעַ (ז)
controleur (de)	bodek	בּוֹדֵק (ז)
gang (in een trein)	prozdor	פְּרוֹזְדוֹר (ז)
noodrem (de)	ma'atsar xirum	מַעֲצַר חֵירוּם (ז)
coupé (de)	ta	תָא (ז)
bed (slaapplaats)	dargaʃ	דַרְגָש (ז)
bovenste bed (het)	dargaʃ elyon	דַרְגָש עֶלְיוֹן (ז)
onderste bed (het)	dargaʃ taxton	דַרְגָש תַחְתוֹן (ז)
beddengoed (het)	matsa'im	מַצָעִים (ז״ר)
kaartje (het)	kartis	כַּרְטִיס (ז)
dienstregeling (de)	'luax zmanim	לוּחַ זְמַנִים (ז)
informatiebord (het)	ʃelet meida	שֶלֶט מֵידָע (ז)
vertrekken (De trein vertrekt ...)	latset	לָצֵאת
vertrek (ov. een trein)	yetsi'a	יְצִיאָה (נ)
aankomen (ov. de treinen)	leha'gi'a	לְהַגִיעַ
aankomst (de)	haga'a	הַגָעָה (נ)
aankomen per trein	leha'gi'a bera'kevet	לְהַגִיעַ בְּרַכֶּבֶת
in de trein stappen	la'alot lera'kevet	לַעֲלוֹת לְרַכֶּבֶת
uit de trein stappen	la'redet mehara'kevet	לָרֶדֶת מֵהָרַכֶּבֶת
treinwrak (het)	hitraskut	הִתְרַסְקוּת (נ)
ontspoord zijn	la'redet mipasei ra'kevet	לָרֶדֶת מִפַּסֵי רַכֶּבֶת
locomotief (de)	katar	קַטָר (ז)
stoker (de)	masik	מַסִיק (ז)
stookplaats (de)	kivʃan	כִּבְשָן (ז)
steenkool (de)	pexam	פֶּחָם (ז)

107. Schip

schip (het)	sfina	ספִינָה (נ)
vaartuig (het)	sfina	ספִינָה (נ)
stoomboot (de)	oniyat kitor	אוֹנִיַת קִיטוֹר (נ)
motorschip (het)	sfinat nahar	ספִינַת נָהָר (נ)
lijnschip (het)	oniyat ta'anugot	אוֹנִיַת תַעֲנוּגוֹת (נ)
kruiser (de)	sa'yeret	סַיֶירֶת (נ)
jacht (het)	'yaχta	יַכטָה (נ)
sleepboot (de)	go'reret	גוֹרֶרֶת (נ)
duwbak (de)	arba	אַרבָּה (נ)
ferryboot (de)	ma'a'boret	מַעֲבּוֹרֶת (נ)
zeilboot (de)	sfinat mifras	ספִינַת מִפרָשׂ (נ)
brigantijn (de)	briganit	בּרִיגָנִית (נ)
IJsbreker (de)	ʃo'veret 'keraχ	שׁוֹבֶרֶת קֶרַח (נ)
duikboot (de)	tso'lelet	צוֹלֶלֶת (נ)
boot (de)	sira	סִירָה (נ)
sloep (de)	sira	סִירָה (נ)
reddingssloep (de)	sirat hatsala	סִירַת הַצָלָה (נ)
motorboot (de)	sirat ma'no'a	סִירַת מָנוֹעַ (נ)
kapitein (de)	rav χovel	רַב־חוֹבֵל (ז)
zeeman (de)	malaχ	מַלָח (ז)
matroos (de)	yamai	יַמַאי (ז)
bemanning (de)	'tsevet	צֶוֶות (ז)
bootsman (de)	rav malaχim	רַב־מַלָחִים (ז)
scheepsjongen (de)	'na'ar sipun	נַעַר סִיפּוּן (ז)
kok (de)	tabaχ	טַבָּח (ז)
scheepsarts (de)	rofe ha'oniya	רוֹפֵא הָאוֹנִייָה (ז)
dek (het)	sipun	סִיפּוּן (ז)
mast (de)	'toren	תוֹרֶן (ז)
zeil (het)	mifras	מִפרָשׂ (ז)
ruim (het)	'beten oniya	בֶּטֶן אוֹנִייָה (נ)
voorsteven (de)	χartom	חַרטוֹם (ז)
achtersteven (de)	yarketei hasfina	יַרכְּתֵי הַסְפִינָה (ז"ר)
roeispaan (de)	maʃot	מָשׁוֹט (ז)
schroef (de)	madχef	מַדחֵף (ז)
kajuit (de)	ta	תָא (ז)
officierskamer (de)	mo'adon ktsinim	מוֹעֲדוֹן קְצִינִים (ז)
machinekamer (de)	χadar meχonot	חֲדַר מְכוֹנוֹת (ז)
brug (de)	'geʃer hapikud	גֶשֶׁר הַפִּיקוּד (ז)
radiokamer (de)	ta alχutan	תָא אַלחוּטָן (ז)
radiogolf (de)	'teder	תֶדֶר (ז)
logboek (het)	yoman ha'oniya	יוֹמַן הָאוֹנִיָה (ז)
verrekijker (de)	miʃ'kefet	מִשׁקֶפֶת (נ)
klok (de)	pa'amon	פַּעֲמוֹן (ז)

vlag (de)	'degel	דֶּגֶל (ז)
kabel (de)	avot ha'oniya	עֲבוֹת הָאוֹנִיָּה (נ)
knoop (de)	'keʃer	קֶשֶׁר (ז)
trapleuning (de)	ma'ake hasipun	מַעֲקֵה הַסִּפּוּן (ז)
trap (de)	'keveʃ	כֶּבֶשׁ (ז)
anker (het)	'ogen	עוֹגֶן (ז)
het anker lichten	leharim 'ogen	לְהָרִים עוֹגֶן
het anker neerlaten	la'agon	לַעֲגֹן
ankerketting (de)	ʃarʃeret ha'ogen	שַׁרְשֶׁרֶת הָעוֹגֶן (נ)
haven (bijv. containerhaven)	namal	נָמֵל (ז)
kaai (de)	'mezaχ	מֶזַח (ז)
aanleggen (ww)	la'agon	לַעֲגֹן
wegvaren (ww)	lehaflig	לְהַפְלִיג
reis (de)	masa, tiyul	מַסָּע (ז), טִיּוּל (ז)
cruise (de)	ʃayit	שַׁיִט (ז)
koers (de)	kivun	כִּוּוּן (ז)
route (de)	nativ	נָתִיב (ז)
vaarwater (het)	nativ ʃayit	נְתִיב שַׁיִט (ז)
zandbank (de)	sirton	שִׂרְטוֹן (ז)
stranden (ww)	la'alot al hasirton	לַעֲלוֹת עַל הַשִּׂרְטוֹן
storm (de)	sufa	סוּפָה (נ)
signaal (het)	ot	אוֹת (ז)
zinken (ov. een boot)	lit'bo'a	לִטְבֹּעַ
Man overboord!	adam ba'mayim!	אָדָם בַּמַּיִם!
SOS (noodsignaal)	kri'at hatsala	קְרִיאַת הַצָּלָה
reddingsboei (de)	galgal hatsala	גַּלְגַּל הַצָּלָה (ז)

108. Vliegveld

luchthaven (de)	nemal te'ufa	נְמַל תְּעוּפָה (ז)
vliegtuig (het)	matos	מָטוֹס (ז)
luchtvaartmaatschappij (de)	χevrat te'ufa	חֶבְרַת תְּעוּפָה (נ)
luchtverkeersleider (de)	bakar tisa	בַּקָּר טִיסָה (ז)
vertrek (het)	hamra'a	הַמְרָאָה (נ)
aankomst (de)	neχita	נְחִיתָה (נ)
aankomen (per vliegtuig)	leha'gi'a betisa	לְהַגִּיעַ בְּטִיסָה
vertrektijd (de)	zman hamra'a	זְמַן הַמְרָאָה (ז)
aankomstuur (het)	zman neχita	זְמַן נְחִיתָה (ז)
vertraagd zijn (ww)	lehit'akev	לְהִתְעַכֵּב
vluchtvertraging (de)	ikuv hatisa	עִיכּוּב הַטִּיסָה (ז)
informatiebord (het)	'luaχ meida	לוּחַ מֵידָע (ז)
informatie (de)	meida	מֵידָע (ז)
aankondigen (ww)	leho'dia	לְהוֹדִיעַ
vlucht (bijv. KLM ~)	tisa	טִיסָה (נ)

douane (de)	'meχes	מֶכֶס (ז)
douanier (de)	pakid 'meχes	פְּקִיד מֶכֶס (ז)
douaneaangifte (de)	hatsharat meχes	הַצְהָרַת מֶכֶס (נ)
invullen (douaneaangifte ~)	lemale	לְמַלֵּא
een douaneaangifte invullen	lemale 'tofes hatshara	לְמַלֵּא טוֹפֶס הַצְהָרָה
paspoortcontrole (de)	bdikat darkonim	בְּדִיקַת דַּרְכּוֹנִים (נ)
bagage (de)	kvuda	כְּבוּדָה (נ)
handbagage (de)	kvudat yad	כְּבוּדַת יָד (נ)
bagagekarretje (het)	eglat kvuda	עֶגְלַת כְּבוּדָה (נ)
landing (de)	neχita	נְחִיתָה (נ)
landingsbaan (de)	maslul neχita	מַסְלוּל נְחִיתָה (ז)
landen (ww)	linχot	לִנְחוֹת
vliegtuigtrap (de)	'keveʃ	כֶּבֶשׁ (ז)
inchecken (het)	tʃek in	צֶ׳ק אִין (ז)
incheckbalie (de)	dalpak tʃek in	דֶּלְפָּק צֶ׳ק אִין (ז)
inchecken (ww)	leva'tse'a tʃek in	לְבַצֵּעַ צֶ׳ק אִין
instapkaart (de)	kartis aliya lematos	כַּרְטִיס עֲלִיָּה לְמָטוֹס (ז)
gate (de)	'ʃa'ar yetsi'a	שַׁעַר יְצִיאָה (ז)
transit (de)	ma'avar	מַעֲבָר (ז)
wachten (ww)	lehamtin	לְהַמְתִּין
wachtzaal (de)	traklin tisa	טְרַקְלִין טִיסָה (ז)
begeleiden (uitwuiven)	lelavot	לְלַוּוֹת
afscheid nemen (ww)	lomar lehitra'ot	לוֹמַר לְהִתְרָאוֹת

Gebeurtenissen in het leven

109. Vakanties. Evenement

feest (het)	χagiga	חֲגִיגָה (נ)
nationale feestdag (de)	χag le'umi	חַג לְאוּמִי (ז)
feestdag (de)	yom χag	יוֹם חַג (ז)
herdenken (ww)	laχgog	לַחְגוֹג
gebeurtenis (de)	hitraχaʃut	הִתְרַחֲשׁוּת (נ)
evenement (het)	ei'ru'a	אֵירוּעַ (ז)
banket (het)	se'uda χagigit	סְעוּדָה חֲגִיגִית (נ)
receptie (de)	ei'ruaχ	אֵירוּחַ (ז)
feestmaal (het)	miʃte	מִשְׁתֶּה (ז)
verjaardag (de)	yom haʃana	יוֹם הַשָּׁנָה (ז)
jubileum (het)	χag hayovel	חַג הַיּוֹבֵל (ז)
vieren (ww)	laχgog	לַחְגוֹג
Nieuwjaar (het)	ʃana χadaʃa	שָׁנָה חֲדָשָׁה (נ)
Gelukkig Nieuwjaar!	ʃana tova!	שָׁנָה טוֹבָה!
Sinterklaas (de)	'santa 'kla'us	סַנְטָה קְלָאוּס
Kerstfeest (het)	χag hamolad	חַג הַמּוֹלָד (ז)
Vrolijk kerstfeest!	χag hamolad sa'meaχ!	חַג הַמּוֹלָד שָׂמֵחַ!
kerstboom (de)	ets χag hamolad	עֵץ חַג הַמּוֹלָד (ז)
vuurwerk (het)	zikukim	זִיקּוּקִים (ז"ר)
bruiloft (de)	χatuna	חֲתוּנָה (נ)
bruidegom (de)	χatan	חָתָן (ז)
bruid (de)	kala	כַּלָּה (נ)
uitnodigen (ww)	lehazmin	לְהַזְמִין
uitnodiging (de)	hazmana	הַזְמָנָה (נ)
gast (de)	o'reaχ	אוֹרֵחַ (ז)
op bezoek gaan	levaker	לְבַקֵּר
gasten verwelkomen	lekabel orχim	לְקַבֵּל אוֹרְחִים
geschenk, cadeau (het)	matana	מַתָּנָה (נ)
geven (iets cadeau ~)	latet matana	לָתֵת מַתָּנָה
geschenken ontvangen	lekabel matanot	לְקַבֵּל מַתָּנוֹת
boeket (het)	zer	זֵר (ז)
felicitaties (mv.)	braχa	בְּרָכָה (נ)
feliciteren (ww)	levareχ	לְבָרֵךְ
wenskaart (de)	kartis braχa	כַּרְטִיס בְּרָכָה (ז)
een kaartje versturen	liʃloaχ gluya	לִשְׁלוֹחַ גְּלוּיָה
een kaartje ontvangen	lekabel gluya	לְקַבֵּל גְּלוּיָה

toast (de)	leharim kosit	לְהָרִים כּוֹסִית
aanbieden (een drankje ~)	lexabed	לְכַבֵּד
champagne (de)	ʃam'panya	שַׁמְפַּנְיָה (נ)
plezier hebben (ww)	lehanot	לֵיהָנוֹת
plezier (het)	alitsut	עֲלִיצוּת (נ)
vreugde (de)	simxa	שִׂמְחָה (נ)
dans (de)	rikud	רִיקוּד (ז)
dansen (ww)	lirkod	לִרְקוֹד
wals (de)	vals	וָלְס (ז)
tango (de)	'tango	טַנְגּוֹ (ז)

110. Begrafenissen. Begrafenis

kerkhof (het)	beit kvarot	בֵּית קְבָרוֹת (ז)
graf (het)	'kever	קֶבֶר (ז)
kruis (het)	tslav	צְלָב (ז)
grafsteen (de)	matseva	מַצֵּבָה (נ)
omheining (de)	gader	גָּדֵר (נ)
kapel (de)	beit tfila	בֵּית תְּפִילָה (ז)
dood (de)	'mavet	מָוֶת (ז)
sterven (ww)	lamut	לָמוּת
overledene (de)	niftar	נִפְטָר (ז)
rouw (de)	'evel	אֵבֶל (ז)
begraven (ww)	likbor	לִקְבּוֹר
begrafenisonderneming (de)	beit levayot	בֵּית לְוָיוֹת (ז)
begrafenis (de)	levaya	לְוָיָה (נ)
krans (de)	zer	זֵר (ז)
doodskist (de)	aron metim	אֲרוֹן מֵתִים (ז)
lijkwagen (de)	kron hamet	קְרוֹן הַמֵּת (ז)
lijkkleed (de)	taxrixim	תַּכְרִיכִים (ז״ר)
begrafenisstoet (de)	tahaluxat 'evel	תַּהֲלוּכַת אֵבֶל (נ)
urn (de)	kad 'efer	כַּד אֵפֶר (ז)
crematorium (het)	misrafa	מִשְׂרָפָה (נ)
overlijdensbericht (het)	moda'at 'evel	מוֹדָעַת אֵבֶל (נ)
huilen (wenen)	livkot	לִבְכּוֹת
snikken (huilen)	lehitya'peax	לְהִתְיַפַּח

111. Oorlog. Soldaten

peloton (het)	maxlaka	מַחְלָקָה (נ)
compagnie (de)	pluga	פְּלוּגָה (נ)
regiment (het)	xativa	חֲטִיבָה (נ)
leger (armee)	tsava	צָבָא (ז)
divisie (de)	ugda	אוּגְדָה (נ)

Nederlands	Transliteratie	Hebreeuws
sectie (de)	kita	פִּיתָה (נ)
troep (de)	'xayil	חַיִל (ז)
soldaat (militair)	xayal	חַיָּל (ז)
officier (de)	katsin	קָצִין (ז)
soldaat (rang)	turai	טוּרַאי (ז)
sergeant (de)	samal	סַמָּל (ז)
luitenant (de)	'segen	סֶגֶן (ז)
kapitein (de)	'seren	סֶרֶן (ז)
majoor (de)	rav 'seren	רַב־סֶרֶן (ז)
kolonel (de)	aluf miʃne	אַלּוּף מִשְׁנֶה (ז)
generaal (de)	aluf	אַלּוּף (ז)
matroos (de)	yamai	יַמַּאי (ז)
kapitein (de)	rav xovel	רַב־חוֹבֵל (ז)
bootsman (de)	rav malaxim	רַב־מַלָּחִים (ז)
artillerist (de)	totxan	תּוֹתְחָן (ז)
valschermjager (de)	tsanxan	צַנְחָן (ז)
piloot (de)	tayas	טַיָּס (ז)
stuurman (de)	navat	נַוָּט (ז)
mecanicien (de)	mexonai	מְכוֹנַאי (ז)
sappeur (de)	xablan	חַבְּלָן (ז)
parachutist (de)	tsanxan	צַנְחָן (ז)
verkenner (de)	iʃ modi'in kravi	אִישׁ מוֹדִיעִין קְרָבִי (ז)
scherpschutter (de)	tsalaf	צַלָּף (ז)
patrouille (de)	siyur	סִיּוּר (ז)
patrouilleren (ww)	lefatrel	לְפַטְרֵל
wacht (de)	zakif	זָקִיף (ז)
krijger (de)	loxem	לוֹחֵם (ז)
patriot (de)	patriyot	פַּטְרִיּוֹט (ז)
held (de)	gibor	גִּבּוֹר (ז)
heldin (de)	gibora	גִּבּוֹרָה (נ)
verrader (de)	boged	בּוֹגֵד (ז)
verraden (ww)	livgod	לִבְגּוֹד
deserteur (de)	arik	עָרִיק (ז)
deserteren (ww)	la'arok	לַעֲרוֹק
huurling (de)	sxir 'xerev	שְׂכִיר חֶרֶב (ז)
rekruut (de)	tiron	טִירוֹן (ז)
vrijwilliger (de)	mitnadev	מִתְנַדֵּב (ז)
gedode (de)	harug	הָרוּג (ז)
gewonde (de)	pa'tsu'a	פָּצוּעַ (ז)
krijgsgevangene (de)	ʃavui	שָׁבוּי (ז)

112. Oorlog. Militaire acties. Deel 1

Nederlands	Transliteratie	Hebreeuws
oorlog (de)	milxama	מִלְחָמָה (נ)
oorlog voeren (ww)	lehilaxem	לְהִילָחֵם

burgeroorlog (de)	mil'xemet ezraxim	מִלְחֶמֶת אֶזְרָחִים (נ)
achterbaks (bw)	bogdani	בּוֹגְדָנִי
oorlogsverklaring (de)	haxrazat milxama	הַכְרָזַת מִלְחָמָה (נ)
verklaren (de oorlog ~)	lehaxriz	לְהַכְרִיז
agressie (de)	tokfanut	תּוֹקְפָנוּת (נ)
aanvallen (binnenvallen)	litkof	לִתְקוֹף
binnenvallen (ww)	lixboʃ	לִכְבּוֹשׁ
invaller (de)	koveʃ	בּוֹבֵשׁ (ז)
veroveraar (de)	koveʃ	בּוֹבֵשׁ (ז)
verdediging (de)	hagana	הֲגָנָה (נ)
verdedigen (je land ~)	lehagen al	לְהָגֵן עַל
zich verdedigen (ww)	lehitgonen	לְהִתְגּוֹנֵן
vijand (de)	oyev	אוֹיֵב (ז)
tegenstander (de)	yariv	יָרִיב (ז)
vijandelijk (bn)	ʃel oyev	שֶׁל אוֹיֵב
strategie (de)	astra'tegya	אַסְטְרָטֶגְיָה (נ)
tactiek (de)	'taktika	טַקְטִיקָה (נ)
order (de)	pkuda	פְּקוּדָה (נ)
bevel (het)	pkuda	פְּקוּדָה (נ)
bevelen (ww)	lifkod	לִפְקוֹד
opdracht (de)	mesima	מְשִׂימָה (נ)
geheim (bn)	sodi	סוֹדִי
slag (de)	krav	קְרָב (ז)
veldslag (de)	ma'araxa	מַעֲרָכָה (נ)
strijd (de)	krav	קְרָב (ז)
aanval (de)	hatkafa	הַתְקָפָה (נ)
bestorming (de)	hista'arut	הִסְתָּעֲרוּת (נ)
bestormen (ww)	lehista'er	לְהִסְתָּעֵר
bezetting (de)	matsor	מָצוֹר (ז)
aanval (de)	mitkafa	מִתְקָפָה (נ)
in het offensief te gaan	latset lemitkafa	לָצֵאת לְמִתְקָפָה
terugtrekking (de)	nesiga	נְסִיגָה (נ)
zich terugtrekken (ww)	la'seget	לָסֶגֶת
omsingeling (de)	kitur	כִּיתּוּר (ז)
omsingelen (ww)	lexater	לְכַתֵּר
bombardement (het)	haftsatsa	הַפְצָצָה (נ)
een bom gooien	lehatil ptsatsa	לְהָטִיל פְּצָצָה
bombarderen (ww)	lehaftsits	לְהַפְצִיץ
ontploffing (de)	pitsuts	פִּיצוּץ (ז)
schot (het)	yeriya	יְרִיָּה (נ)
een schot lossen	lirot	לִירוֹת
schieten (het)	'yeri	יְרִי (ז)
mikken op (ww)	lexaven 'neʃek	לְכַוֵּון נֶשֶׁק
aanleggen (een wapen ~)	lexaven	לְכַוֵּון

treffen (doelwit ~)	lik'lo'a	לקלוע
zinken (tot zinken brengen)	lehat'bi'a	להטביע
kogelgat (het)	pirtsa	פִּרְצָה (נ)
zinken (gezonken zijn)	lit'bo'a	לטבוע
front (het)	xazit	חָזִית (נ)
evacuatie (de)	pinui	פִּינוּי (ז)
evacueren (ww)	lefanot	לפנות
loopgraaf (de)	te'ala	תְּעָלָה (נ)
prikkeldraad (de)	'tayil dokrani	חַיִל דּוֹקְרָנִי (ז)
verdedigingsobstakel (het)	maxsom	מַחְסוֹם (ז)
wachttoren (de)	migdal ʃmira	מִגְדַל שמִירָה (ז)
hospitaal (het)	beit xolim tsva'i	בֵּית חוֹלִים צְבָאִי (ז)
verwonden (ww)	lif'tso'a	לפצוע
wond (de)	'petsa	פֶּצַע (ז)
gewonde (de)	pa'tsu'a	פָּצוּעַ (ז)
gewond raken (ww)	lehipatsa	להִיפָּצַע
ernstig (~e wond)	kaʃe	קָשֶׁה

113. Oorlog. Militaire acties. Deel 2

krijgsgevangenschap (de)	'ʃevi	שְׁבִי (ז)
krijgsgevangen nemen	la'kaxat be'ʃevi	לָקַחַת בְּשֶׁבִי
krijgsgevangene zijn	lihyot be'ʃevi	להִיוֹת בְּשֶׁבִי
krijgsgevangen genomen worden	lipol be'ʃevi	לִיפּוֹל בַּשֶׁבִי
concentratiekamp (het)	maxane rikuz	מַחֲנֶה רִיפּוּז (ז)
krijgsgevangene (de)	ʃavui	שָׁבוּי (ז)
vluchten (ww)	liv'roax	לברוֹחַ
verraden (ww)	livgod	לבגוֹד
verrader (de)	boged	בּוֹגֵד (ז)
verraad (het)	bgida	בּגִידָה (נ)
fusilleren (executeren)	lehotsi la'horeg	להוֹצִיא לָהוֹרֵג
executie (de)	hotsa'a le'horeg	הוֹצָאָה לְהוֹרֵג (נ)
uitrusting (de)	tsiyud	צִיוּד (ז)
schouderstuk (het)	ko'tefet	כּוֹתֶפֶת (נ)
gasmasker (het)	masexat 'abax	מַסֵיכַת אַבָּ"ך (נ)
portofoon (de)	maxʃir 'keʃer	מַכשִׁיר קֶשֶׁר (ז)
geheime code (de)	'tsofen	צוֹפֶן (ז)
samenzwering (de)	xaʃa'iut	חֲשָׁאִיוּת (נ)
wachtwoord (het)	sisma	סִיסמָה (נ)
mijn (landmijn)	mokeʃ	מוֹקֵשׁ (ז)
ondermijnen (legden mijnen)	lemakeʃ	לְמַקֵשׁ
mijnenveld (het)	sde mokʃim	שֹׂדֵה מוֹקשִׁים (ז)
luchtalarm (het)	az'aka	אַזעָקָה (נ)
alarm (het)	az'aka	אַזעָקָה (נ)

signaal (het)	ot	אוֹת (ז)
vuurpijl (de)	zikuk azʿaka	זִיקוּק אַזְעָקָה (ז)
staf (generale ~)	mifkada	מִפְקָדָה (נ)
verkenningstocht (de)	isuf modiʿin	אִיסוּף מוֹדִיעִין (ז)
toestand (de)	matsav	מַצָּב (ז)
rapport (het)	doχ	דוֹ"ח (ז)
hinderlaag (de)	maʾarav	מַאֲרָב (ז)
versterking (de)	tigʾboret	תִגְבּוֹרֶת (נ)
doel (bewegend ~)	matara	מַטָרָה (נ)
proefterrein (het)	sde imunim	שְׂדֵה אִימוּנִים (ז)
manoeuvres (mv.)	timronim	תִמְרוֹנִים (ז"ר)
paniek (de)	behala	בֶּהָלָה (נ)
verwoesting (de)	'heres	הֶרֶס (ז)
verwoestingen (mv.)	harisot	הֲרִיסוֹת (נ"ר)
verwoesten (ww)	laharos	לַהֲרוֹס
overleven (ww)	lisrod	לִשְׂרוֹד
ontwapenen (ww)	lifrok miʾnefek	לִפְרוֹק מְנֶשֶׁק
behandelen (een pistool ~)	lehiʃtameʃ be...	לְהִשְׁתַּמֵשׁ בְּ...
Geeft acht!	amod dom!	עֲמוֹד דוֹם!
Op de plaats rust!	amod 'noaχ!	עֲמוֹד נוֹחַ!
heldendaad (de)	maʿase gvura	מַעֲשֵׂה גְבוּרָה (ז)
eed (de)	ʃvuʿa	שְׁבוּעָה (נ)
zweren (een eed doen)	lehiʃava	לְהִישָׁבַע
decoratie (de)	itur	עִיטוּר (ז)
onderscheiden (een ereteken geven)	lehaʿanik	לְהַעֲנִיק
medaille (de)	meʾdalya	מֶדַלְיָה (נ)
orde (de)	ot hitstainut	אוֹת הִצְטַיְינוּת (ז)
overwinning (de)	nitsaχon	נִיצָחוֹן (ז)
verlies (het)	tvusa	תְבוּסָה (נ)
wapenstilstand (de)	hafsakat eʃ	הַפְסָקַת אֵשׁ (נ)
wimpel (vaandel)	'degel	דֶגֶל (ז)
roem (de)	tehila	תְהִילָה (נ)
parade (de)	mitsʿad	מִצְעָד (ז)
marcheren (ww)	litsʿod	לִצְעוֹד

114. Wapens

wapens (mv.)	'neʃek	נֶשֶׁק (ז)
vuurwapens (mv.)	'neʃek χam	נֶשֶׁק חַם (ז)
koude wapens (mv.)	'neʃek kar	נֶשֶׁק קַר (ז)
chemische wapens (mv.)	'neʃek 'χimi	נֶשֶׁק כִּימִי (ז)
kern-, nucleair (bn)	garʿini	גַרְעִינִי
kernwapens (mv.)	'neʃek garʿini	נֶשֶׁק גַרְעִינִי (ז)

bom (de)	ptsatsa	פְּצָצָה (נ)
atoombom (de)	ptsatsa a'tomit	פְּצָצָה אָטוֹמִית (נ)
pistool (het)	ekdax	אֶקְדָּח (ז)
geweer (het)	rove	רוֹבֶה (ז)
machinepistool (het)	tat mak'le'a	תַּת־מַקְלֵעַ (ז)
machinegeweer (het)	mak'le'a	מַקְלֵעַ (ז)
loop (schietbuis)	kane	קָנֶה (ז)
loop (bijv. geweer met kortere ~)	kane	קָנֶה (ז)
kaliber (het)	ka'liber	קָלִיבֶּר (ז)
trekker (de)	'hedek	הֶדֶק (ז)
korrel (de)	ka'venet	כַּוֶּנֶת (נ)
magazijn (het)	maxsanit	מַחְסָנִית (נ)
geweerkolf (de)	kat	קַת (נ)
granaat (handgranaat)	rimon	רִימוֹן (ז)
explosieven (mv.)	'xomer 'nefets	חוֹמֶר נֶפֶץ (ז)
kogel (de)	ka'li'a	קְלִיעַ (ז)
patroon (de)	kadur	כַּדּוּר (ז)
lading (de)	te'ina	טְעִינָה (נ)
ammunitie (de)	tax'moʃet	תַּחְמוֹשֶׁת (נ)
bommenwerper (de)	maftsits	מַפְצִיץ (ז)
straaljager (de)	metos krav	מְטוֹס קְרָב (ז)
helikopter (de)	masok	מַסוֹק (ז)
afweergeschut (het)	totax 'neged metosim	תּוֹתָח נֶגֶד מְטוֹסִים (ז)
tank (de)	tank	טַנְק (ז)
kanon (tank met een ~ van 76 mm)	totax	תּוֹתָח (ז)
artillerie (de)	arti'lerya	אַרְטִילֶרְיָה (נ)
kanon (het)	totax	תּוֹתָח (ז)
aanleggen (een wapen ~)	lexaven	לְכַוֵּון
projectiel (het)	pagaz	פָּגָז (ז)
mortiergranaat (de)	ptsatsat margema	פְּצָצַת מַרְגֵּמָה (נ)
mortier (de)	margema	מַרְגֵּמָה (נ)
granaatscherf (de)	resis	רְסִיס (ז)
duikboot (de)	tso'lelet	צוֹלֶלֶת (נ)
torpedo (de)	tor'pedo	טוֹרְפֶּדוֹ (ז)
raket (de)	til	טִיל (ז)
laden (geweer, kanon)	lit'on	לִטְעוֹן
schieten (ww)	lirot	לִירוֹת
richten op (mikken)	lexaven	לְכַוֵּון
bajonet (de)	kidon	כִּידוֹן (ז)
degen (de)	'xerev	חֶרֶב (נ)
sabel (de)	'xerev paraʃim	חֶרֶב פָּרָשִׁים (ז)
speer (de)	xanit	חֲנִית (נ)

boog (de)	'keʃet	קֶשֶׁת (נ)
pijl (de)	χets	חֵץ (ז)
musket (de)	musket	מוּסְקֶט (ז)
kruisboog (de)	'keʃet metsu'levet	קֶשֶׁת מְצוּלֶבֶת (נ)

115. Oude mensen

primitief (bn)	kadmon	קַדְמוֹן
voorhistorisch (bn)	prehis'tori	פְּרֶהִיסְטוֹרִי
eeuwenoude (~ beschaving)	atik	עָתִיק
Steentijd (de)	idan ha''even	עִידָן הָאֶבֶן (ז)
Bronstijd (de)	idan ha'arad	עִידָן הָאָרָד (ז)
IJstijd (de)	idan ha'keraχ	עִידָן הַקֶּרַח (ז)
stam (de)	'ʃevet	שֵׁבֶט (ז)
menseneter (de)	oχel adam	אוֹכָל אָדָם (ז)
jager (de)	tsayad	צַיָּד (ז)
jagen (ww)	latsud	לָצוּד
mammoet (de)	ma'muta	מָמוּטָה (נ)
grot (de)	me'ara	מְעָרָה (נ)
vuur (het)	eʃ	אֵשׁ (נ)
kampvuur (het)	medura	מְדוּרָה (נ)
rotstekening (de)	pet'roglif	פֶּטְרוֹגְלִיף (ז)
werkinstrument (het)	kli	כְּלִי (ז)
speer (de)	χanit	חֲנִית (נ)
stenen bijl (de)	garzen ha'even	גַּרְזֶן הָאֶבֶן (ז)
oorlog voeren (ww)	lehilaχem	לְהִילָחֵם
temmen (bijv. wolf ~)	levayet	לְבַיֵּית
idool (het)	'pesel	פֶּסֶל (ז)
aanbidden (ww)	la'avod et	לַעֲבוֹד אֶת
bijgeloof (het)	emuna tfela	אֱמוּנָה תְּפֵלָה (נ)
ritueel (het)	'tekes	טֶקֶס (ז)
evolutie (de)	evo'lutsya	אֲבוֹלוּצְיָה (נ)
ontwikkeling (de)	hitpatχut	הִתְפַּתְּחוּת (נ)
verdwijning (de)	he'almut	הֵיעָלְמוּת (נ)
zich aanpassen (ww)	lehistagel	לְהִסְתַּגֵּל
archeologie (de)	arχe'o'logya	אַרְכֵיאוֹלוֹגְיָה (נ)
archeoloog (de)	arχe'olog	אַרְכֵיאוֹלוֹג (ז)
archeologisch (bn)	arχe'o'logi	אַרְכֵיאוֹלוֹגִי
opgravingsplaats (de)	atar χafirot	אֲתַר חֲפִירוֹת (ז)
opgravingen (mv.)	χafirot	חֲפִירוֹת (נ״ר)
vondst (de)	mimtsa	מִמְצָא (ז)
fragment (het)	resis	רְסִיס (ז)

116. Middeleeuwen

volk (het)	am	עַם (ז)
volkeren (mv.)	amim	עַמִים (ז״ר)
stam (de)	'ʃevet	שֵׁבֶט (ז)
stammen (mv.)	ʃvatim	שְׁבָטִים (ז״ר)
barbaren (mv.)	bar'barim	בַּרְבָּרִים (ז״ר)
Galliërs (mv.)	'galim	גָאלִים (ז״ר)
Goten (mv.)	'gotim	גוֹתִים (ז״ר)
Slaven (mv.)	'slavim	סלָאבִים (ז״ר)
Vikings (mv.)	'vikingim	וִיקִינגִים (ז״ר)
Romeinen (mv.)	roma'im	רוֹמָאִים (ז״ר)
Romeins (bn)	'romi	רוֹמִי
Byzantijnen (mv.)	bi'zantim	בִּיזַנטִים (ז״ר)
Byzantium (het)	bizantion, bizants	בִּיזַנטִיוֹן, בִּיזַנץ (נ)
Byzantijns (bn)	bi'zanti	בִּיזַנטִי
keizer (bijv. Romeinse ~)	keisar	קֵיסָר (ז)
opperhoofd (het)	manhig	מַנהִיג (ז)
machtig (bn)	rav 'koaχ	רַב־כּוֹחַ
koning (de)	'meleχ	מֶלֶךְ (ז)
heerser (de)	ʃalit	שַׁלִיט (ז)
ridder (de)	abir	אַבִּיר (ז)
feodaal (de)	fe'odal	פֵיאוֹדָל (ז)
feodaal (bn)	fe'o'dali	פֵיאוֹדָלִי
vazal (de)	vasal	וַסָל (ז)
hertog (de)	dukas	דוּכָּס (ז)
graaf (de)	rozen	רוֹזֵן (ז)
baron (de)	baron	בָּרוֹן (ז)
bisschop (de)	'biʃof	בִּישׁוֹף (ז)
harnas (het)	ʃiryon	שִׁריוֹן (ז)
schild (het)	magen	מָגֵן (ז)
zwaard (het)	'χerev	חֶרֶב (נ)
vizier (het)	magen panim	מָגֵן פָּנִים (ז)
maliënkolder (de)	ʃiryon kaskasim	שִׁריוֹן קַשׂקַשִׂים (ז)
kruistocht (de)	masa tslav	מַסַע צלָב (ז)
kruisvaarder (de)	tsalban	צַלבָּן (ז)
gebied (bijv. bezette ~en)	'ʃetaχ	שֶׁטַח (ז)
aanvallen (binnenvallen)	litkof	לִתקוֹף
veroveren (ww)	liχboʃ	לִכבּוֹשׁ
innemen (binnenvallen)	lehiʃtalet	לְהִשׁתַלֵט
bezetting (de)	matsor	מָצוֹר (ז)
bezet (bn)	natsur	נָצוּר
belegeren (ww)	latsur	לָצוּר
inquisitie (de)	inkvi'zitsya	אִינקוִוִיזִיציָה (נ)
inquisiteur (de)	inkvi'zitor	אִינקוִוִיזִיטוֹר (ז)

foltering (de)	inui	עִינוּי (ז)
wreed (bn)	axzari	אַכְזָרִי
ketter (de)	kofer	כּוֹפֵר (ז)
ketterij (de)	kfira	כְּפִירָה (נ)
zeevaart (de)	haflaga bayam	הַפְלָגָה בַיָם (נ)
piraat (de)	ʃoded yam	שׁוֹדֵד יָם (ז)
piraterij (de)	pi'ratiyut	פִּירָטְיוּת (נ)
enteren (het)	la'alot al	לַעֲלוֹת עַל
buit (de)	ʃalal	שָׁלָל (ז)
schatten (mv.)	otsarot	אוֹצָרוֹת (ז"ר)
ontdekking (de)	taglit	תַגְלִית (נ)
ontdekken (bijv. nieuw land)	legalot	לְגַלוֹת
expeditie (de)	miʃlaxat	מִשְׁלַחַת (נ)
musketier (de)	musketer	מוּסְקֶטֵר (ז)
kardinaal (de)	xaʃman	חַשְׁמָן (ז)
heraldiek (de)	he'raldika	הֶרַלְדִיקָה (נ)
heraldisch (bn)	he'raldi	הֶרַלְדִי

117. Leider. Baas. Autoriteiten

koning (de)	'melex	מֶלֶך (ז)
koningin (de)	malka	מַלְכָּה (נ)
koninklijk (bn)	malxuti	מַלְכוּתִי
koninkrijk (het)	mamlaxa	מַמְלָכָה (נ)
prins (de)	nasix	נָסִיך (ז)
prinses (de)	nesixa	נְסִיכָה (נ)
president (de)	nasi	נָשִׂיא (ז)
vicepresident (de)	sgan nasi	סְגַן נָשִׂיא (ז)
senator (de)	se'nator	סֶנָאטוֹר (ז)
monarch (de)	'melex	מֶלֶך (ז)
heerser (de)	ʃalit	שַׁלִיט (ז)
dictator (de)	rodan	רוֹדָן (ז)
tiran (de)	aruts	עָרוּץ (ז)
magnaat (de)	eil hon	אֵיל הוֹן (ז)
directeur (de)	menahel	מְנַהֵל (ז)
chef (de)	menahel, roʃ	מְנַהֵל (ז), ראש (ז)
beheerder (de)	menahel	מְנַהֵל (ז)
baas (de)	bos	בּוֹס (ז)
eigenaar (de)	'ba'al	בַּעַל (ז)
leider (de)	manhig	מַנְהִיג (ז)
hoofd (bijv. ~ van de delegatie)	roʃ	ראש (ז)
autoriteiten (mv.)	ʃiltonot	שִׁלְטוֹנוֹת (ז"ר)
superieuren (mv.)	memunim	מְמוּנִים (ז"ר)
gouverneur (de)	moʃel	מוֹשֵׁל (ז)
consul (de)	'konsul	קוֹנְסוּל (ז)

diplomaat (de)	diplomat	דִּיפְּלוֹמָט (ז)
burgemeester (de)	roʃ ha'ir	רֹאשׁ הָעִיר (ז)
sheriff (de)	ʃerif	שֶׁרִיף (ז)
keizer (bijv. Romeinse ~)	keisar	קֵיסָר (ז)
tsaar (de)	tsar	צָאר (ז)
farao (de)	par'o	פַּרְעֹה (ז)
kan (de)	χan	חָאן (ז)

118. De wet overtreden. Criminelen. Deel 1

bandiet (de)	ʃoded	שׁוֹדֵד (ז)
misdaad (de)	'peʃa	פֶּשַׁע (ז)
misdadiger (de)	po'ʃe'a	פּוֹשֵׁעַ (ז)
dief (de)	ganav	גַּנָּב (ז)
stelen (ww)	lignov	לִגְנוֹב
stelen (ww)	gneva	גְּנֵיבָה (נ)
diefstal (de)	gneva	גְּנֵיבָה (נ)
kidnappen (ww)	laχatof	לַחֲטוֹף
kidnapping (de)	χatifa	חֲטִיפָה (נ)
kidnapper (de)	χotef	חוֹטֵף (ז)
losgeld (het)	'kofer	כֹּפֶר (ז)
eisen losgeld (ww)	lidroʃ 'kofer	לִדְרוֹשׁ כֹּפֶר
overvallen (ww)	liʃdod	לִשְׁדּוֹד
overval (de)	ʃod	שׁוֹד (ז)
overvaller (de)	ʃoded	שׁוֹדֵד (ז)
afpersen (ww)	lisχot	לִסְחוֹט
afperser (de)	saχtan	סַחְטָן (ז)
afpersing (de)	saχtanut	סַחְטָנוּת (נ)
vermoorden (ww)	lir'tsoaχ	לִרְצוֹחַ
moord (de)	'retsaχ	רֶצַח (ז)
moordenaar (de)	ro'tseaχ	רוֹצֵחַ (ז)
schot (het)	yeriya	יְרִיָּה (נ)
een schot lossen	lirot	לִירוֹת
neerschieten (ww)	lirot la'mavet	לִירוֹת לַמָּוֶת
schieten (ww)	lirot	לִירוֹת
schieten (het)	'yeri	יְרִי (ז)
ongeluk (gevecht, enz.)	takrit	תַּקְרִית (נ)
gevecht (het)	ktata	קְטָטָה (נ)
Help!	ha'tsilu!	הַצִּילוּ!
slachtoffer (het)	nifga	נִפְגָּע (ז)
beschadigen (ww)	lekalkel	לְקַלְקֵל
schade (de)	'nezek	נֶזֶק (ז)
lijk (het)	gufa	גּוּפָה (נ)
zwaar (~ misdrijf)	χamur	חָמוּר

aanvallen (ww)	litkof	לִתְקוֹף
slaan (iemand ~)	lehakot	לְהַכּוֹת
in elkaar slaan (toetakelen)	lehakot	לְהַכּוֹת
ontnemen (beroven)	la'kaxat be'koax	לָקַחַת בְּכוֹחַ
steken (met een mes)	lidkor le'mavet	לִדְקוֹר לָמָוֶת
verminken (ww)	lehatil mum	לְהָטִיל מוּם
verwonden (ww)	lif'tso'a	לִפְצוֹעַ
chantage (de)	saxtanut	סַחְטָנוּת (נ)
chanteren (ww)	lisxot	לִסְחוֹט
chanteur (de)	saxtan	סַחְטָן (ז)
afpersing (de)	dmei xasut	דְמֵי חָסוּת (ז"ר)
afperser (de)	gove xasut	גוֹבֶה חָסוּת (ז)
gangster (de)	'gangster	גֶנגְסטֶר (ז)
maffia (de)	'mafya	מָאפְיָה (נ)
kruimeldief (de)	kayas	כַּיָס (ז)
inbreker (de)	porets	פּוֹרֵץ (ז)
smokkelen (het)	havraxa	הַבְרָחָה (נ)
smokkelaar (de)	mav'riax	מַבְרִיחַ (ז)
namaak (de)	ziyuf	זִיוּף (ז)
namaken (ww)	lezayef	לְזַיֵיף
namaak-, vals (bn)	mezuyaf	מְזוּיָף

119. De wet overtreden. Criminelen. Deel 2

verkrachting (de)	'ones	אוֹנֶס (ז)
verkrachten (ww)	le'enos	לֶאֱנוֹס
verkrachter (de)	anas	אַנָס (ז)
maniak (de)	'manyak	מַנְיָאק (ז)
prostituee (de)	zona	זוֹנָה (נ)
prostitutie (de)	znut	זְנוּת (נ)
pooier (de)	sarsur	סַרְסוּר (ז)
drugsverslaafde (de)	narkoman	נַרְקוֹמָן (ז)
drugshandelaar (de)	soxer samim	סוֹחֵר סַמִים (ז)
opblazen (ww)	lefotsets	לְפוֹצֵץ
explosie (de)	pitsuts	פִּיצוּץ (ז)
in brand steken (ww)	lehatsit	לְהַצִית
brandstichter (de)	matsit	מַצִית (ז)
terrorisme (het)	terorizm	טֶרוֹרִיזם (ז)
terrorist (de)	mexabel	מְחַבֵּל (ז)
gijzelaar (de)	ben aruba	בֶּן עֲרוּבָה (ז)
bedriegen (ww)	lehonot	לְהוֹנוֹת
bedrog (het)	hona'a	הוֹנָאָה (נ)
oplichter (de)	ramai	רַמַאי (ז)
omkopen (ww)	lefaxed	לְשַׁחֵד
omkoperij (de)	'foxad	שׁוֹחַד (ז)

smeergeld (het)	ʃoxad	שׁוֹחַד (ז)
vergif (het)	ra'al	רַעַל (ז)
vergiftigen (ww)	lehar'il	לְהַרְעִיל
vergif innemen (ww)	lehar'il et atsmo	לְהַרְעִיל אֶת עַצְמוֹ
zelfmoord (de)	hit'abdut	הִתְאַבְּדוּת (נ)
zelfmoordenaar (de)	mit'abed	מִתְאַבֵּד (ז)
bedreigen (bijv. met een pistool)	le'ayem	לְאַיֵּים
bedreiging (de)	iyum	אִיּוּם (ז)
een aanslag plegen	lehitnakeʃ	לְהִתְנַקֵּשׁ
aanslag (de)	nisayon hitnakʃut	נִיסָיוֹן הִתְנַקְּשׁוּת (ז)
stelen (een auto)	lignov	לִגְנוֹב
kapen (een vliegtuig)	laxatof matos	לַחֲטוֹף מָטוֹס
wraak (de)	nekama	נְקָמָה (נ)
wreken (ww)	linkom	לִנְקוֹם
martelen (gevangenen)	la'anot	לְעַנּוֹת
foltering (de)	inui	עִינּוּי (ז)
folteren (ww)	leyaser	לְיַיסֵּר
piraat (de)	ʃoded yam	שׁוֹדֵד יָם (ז)
straatschender (de)	xuligan	חוּלִיגָאן (ז)
gewapend (bn)	mezuyan	מְזוּיָן
geweld (het)	alimut	אַלִּימוּת (נ)
onwettig (strafbaar)	'bilti le'gali	בִּלְתִּי לֶגָלִי
spionage (de)	rigul	רִיגּוּל (ז)
spioneren (ww)	leragel	לְרַגֵּל

120. Politie. Wet. Deel 1

gerecht (het)	'tsedek	צֶדֶק (ז)
gerechtshof (het)	beit miʃpat	בֵּית מִשְׁפָּט (ז)
rechter (de)	ʃofet	שׁוֹפֵט (ז)
jury (de)	muʃba'im	מוּשְׁבָּעִים (ז״ר)
juryrechtspraak (de)	xaver muʃba'im	חָבֵר מוּשְׁבָּעִים (ז)
berechten (ww)	liʃpot	לִשְׁפּוֹט
advocaat (de)	orex din	עוֹרֵךְ דִּין (ז)
beklaagde (de)	omed lemiʃpat	עוֹמֵד לְמִשְׁפָּט (ז)
beklaagdenbank (de)	safsal ne'eʃamim	סַפְסַל נֶאֱשָׁמִים (ז)
beschuldiging (de)	ha'aʃama	הַאֲשָׁמָה (נ)
beschuldigde (de)	ne'eʃam	נֶאֱשָׁם (ז)
vonnis (het)	gzar din	גְּזַר דִּין (ז)
veroordelen (in een rechtszaak)	lifsok	לִפְסוֹק
schuldige (de)	aʃem	אָשֵׁם (ז)

straffen (ww)	leha'aniʃ	לְהַעֲנִישׁ
bestraffing (de)	'oneʃ	עוֹנֶשׁ (ז)
boete (de)	knas	קְנָס (ז)
levenslange opsluiting (de)	ma'asar olam	מַאֲסָר עוֹלָם (ז)
doodstraf (de)	'oneʃ 'mavet	עוֹנֶשׁ מָוֶת (ז)
elektrische stoel (de)	kise χaʃmali	כִּיסֵא חַשְׁמַלִי (ז)
schavot (het)	gardom	גַּרְדּוֹם (ז)
executeren (ww)	lehotsi la'horeg	לְהוֹצִיא לַהוֹרֵג
executie (de)	hatsa'a le'horeg	הוֹצָאָה לַהוֹרֵג (ז)
gevangenis (de)	beit 'sohar	בֵּית סוֹהַר (ז)
cel (de)	ta	תָא (ז)
konvooi (het)	miʃmar livui	מִשְׁמָר לִיוּוּי (ז)
gevangenisbewaker (de)	soher	סוֹהַר (ז)
gedetineerde (de)	asir	אָסִיר (ז)
handboeien (mv.)	azikim	אֲזִיקִים (ז״ר)
handboeien omdoen	liχbol be'azikim	לִכְבּוֹל בַּאֲזִיקִים
ontsnapping (de)	briχa	בְּרִיחָה (נ)
ontsnappen (ww)	liv'roaχ	לִבְרוֹחַ
verdwijnen (ww)	lehe'alem	לְהֵיעָלֵם
vrijlaten (uit de gevangenis)	leʃaχrer	לְשַׁחְרֵר
amnestie (de)	χanina	חֲנִינָה (נ)
politie (de)	miʃtara	מִשְׁטָרָה (נ)
politieagent (de)	ʃoter	שׁוֹטֵר (ז)
politiebureau (het)	taχanat miʃtara	תַּחֲנַת מִשְׁטָרָה (נ)
knuppel (de)	ala	אַלָּה (נ)
megafoon (de)	megafon	מֶגָפוֹן (ז)
patrouilleerwagen (de)	na'yedet	נַיֶּידֶת (נ)
sirene (de)	tsofar	צוֹפָר (ז)
de sirene aansteken	lehaf'il tsofar	לְהַפְעִיל צוֹפָר
geloei (het) van de sirene	tsfira	צְפִירָה (נ)
plaats delict (de)	zirat 'peʃa	זִירַת פֶּשַׁע (נ)
getuige (de)	ed	עֵד (ז)
vrijheid (de)	'χofeʃ	חוֹפֶשׁ (ז)
handlanger (de)	ʃutaf	שׁוּתָף (ז)
ontvluchten (ww)	lehiχave	לְהֵיחָבֵא
spoor (het)	akev	עָקֵב (ז)

121. Politie. Wet. Deel 2

opsporing (de)	χipus	חִיפּוּשׂ (ז)
opsporen (ww)	leχapes	לְחַפֵּשׂ
verdenking (de)	χaʃad	חָשָׁד (ז)
verdacht (bn)	χaʃud	חָשׁוּד
aanhouden (stoppen)	la'atsor	לַעֲצוֹר
tegenhouden (ww)	la'atsor	לַעֲצוֹר

strafzaak (de)	tik	תִּיק (ז)
onderzoek (het)	xakira	חֲקִירָה (נ)
detective (de)	balaʃ	בַּלָּשׁ (ז)
onderzoeksrechter (de)	xoker	חוֹקֵר (ז)
versie (de)	haʃara	הַשְׁעָרָה (נ)
motief (het)	meʻniʻa	מֵנִיעַ (ז)
verhoor (het)	xakira	חֲקִירָה (נ)
ondervragen (door de politie)	laxkor	לַחְקוֹר
ondervragen (omstanders ~)	letaʃʻel	לְתַשְׁאֵל
controle (de)	bdika	בְּדִיקָה (נ)
razzia (de)	matsod	מָצוֹד (ז)
huiszoeking (de)	xipus	חִיפּוּשׂ (ז)
achtervolging (de)	mirdaf	מִרְדָּף (ז)
achtervolgen (ww)	lirdof axarei	לִרְדּוֹף אַחֲרֵי
opsporen (ww)	laʻakov axarei	לַעֲקוֹב אַחֲרֵי
arrest (het)	maʼasar	מַאֲסָר (ז)
arresteren (ww)	leʼesor	לֶאֱסוֹר
vangen, aanhouden (een dief, enz.)	lilkod	לִלְכּוֹד
aanhouding (de)	lexida	לְכִידָה (נ)
document (het)	mismax	מִסְמָךְ (ז)
bewijs (het)	hoxaxa	הוֹכָחָה (נ)
bewijzen (ww)	lehoʻxiax	לְהוֹכִיחַ
voetspoor (het)	akev	עָקֵב (ז)
vingerafdrukken (mv.)	tviʻot etsbaʻot	טְבִיעוֹת אֶצְבָּעוֹת (נ״ר)
bewijs (het)	reʻaya	רְאָיָה (נ)
alibi (het)	ʼalibi	אָלִיבִּי (ז)
onschuldig (bn)	xaf miʻpeʃa	חַף מִפֶּשַׁע
onrecht (het)	i ʻtsedek	אִי צֶדֶק (ז)
onrechtvaardig (bn)	lo tsodek	לֹא צוֹדֵק
crimineel (bn)	plili	פְּלִילִי
confisqueren (in beslag nemen)	lehaxrim	לְהַחְרִים
drug (de)	sam	סַם (ז)
wapen (het)	ʼneʃek	נֶשֶׁק (ז)
ontwapenen (ww)	lifrok miʻneʃek	לִפְרוֹק מֶנֶשֶׁק
bevelen (ww)	lifkod	לִפְקוֹד
verdwijnen (ww)	leheʻalem	לְהֵיעָלֵם
wet (de)	xok	חוֹק (ז)
wettelijk (bn)	xuki	חוּקִי
onwettelijk (bn)	ʼbilti xuki	בִּלְתִּי חוּקִי
verantwoordelijkheid (de)	axrayut	אַחֲרָיוּת (נ)
verantwoordelijk (bn)	axrai	אַחְרַאי

NATUUR

De Aarde. Deel 1

122. De kosmische ruimte

kosmos (de)	ҳalal	חָלָל (ז)
kosmisch (bn)	ʃel ҳalal	שֶׁל חָלָל
kosmische ruimte (de)	ҳalal ҳitson	חָלָל חִיצוֹן (ז)
wereld (de)	olam	עוֹלָם (ז)
heelal (het)	yekum	יְקוּם (ז)
sterrenstelsel (het)	ga'laksya	גָלַקְסִיָה (נ)
ster (de)	koҳav	כּוֹכָב (ז)
sterrenbeeld (het)	tsvir koҳavim	צְבִיר כּוֹכָבִים (ז)
planeet (de)	koҳav 'leҳet	כּוֹכָב לֶכֶת (ז)
satelliet (de)	lavyan	לַוְיָן (ז)
meteoriet (de)	mete'orit	מֶטְאוֹרִיט (ז)
komeet (de)	koҳav ʃavit	כּוֹכָב שָׁבִיט (ז)
asteroïde (de)	aste'ro'id	אַסְטרוֹאִיד (ז)
baan (de)	maslul	מַסְלוּל (ז)
draaien (om de zon, enz.)	lesovev	לְסוֹבֵב
atmosfeer (de)	atmos'fera	אַטְמוֹסְפֶרָה (נ)
Zon (de)	'ʃemeʃ	שֶׁמֶשׁ (נ)
zonnestelsel (het)	ma'a'reҳet ha'ʃemeʃ	מַעֲרֶכֶת הַשֶׁמֶשׁ (נ)
zonsverduistering (de)	likui ҳama	לִיקוּי חַמָה (ז)
Aarde (de)	kadur ha''arets	כַּדוּר הָאָרֶץ (ז)
Maan (de)	ya'reaҳ	יָרֵחַ (ז)
Mars (de)	ma'adim	מַאֲדִים (ז)
Venus (de)	'noga	נוֹגַה (ז)
Jupiter (de)	'tsedek	צֶדֶק (ז)
Saturnus (de)	ʃabtai	שַׁבְתַאי (ז)
Mercurius (de)	koҳav ҳama	כּוֹכַב חַמָה (ז)
Uranus (de)	u'ranus	אוּרָנוּס (ז)
Neptunus (de)	neptun	נֶפְטוּן (ז)
Pluto (de)	'pluto	פְּלוּטוֹ (ז)
Melkweg (de)	ʃvil haҳalav	שְׁבִיל הֶחָלָב (ז)
Grote Beer (de)	duba gdola	דוּבָּה גְדוֹלָה (נ)
Poolster (de)	koҳav hatsafon	כּוֹכַב הַצָפוֹן (ז)
marsmannetje (het)	toʃav ma'adim	תוֹשָׁב מַאֲדִים (ז)
buitenaards wezen (het)	ҳutsan	חוּצָן (ז)

bovenaards (het)	χaizar	חַיצָר (ז)
vliegende schotel (de)	tsa'laχat me'o'fefet	צַלַחַת מְעוֹפֶפֶת (נ)
ruimtevaartuig (het)	χalalit	חֲלָלִית (נ)
ruimtestation (het)	taχanat χalal	תַחֲנַת חָלָל (נ)
start (de)	hamra'a	הַמְרָאָה (נ)
motor (de)	ma'no'a	מָנוֹעַ (ז)
straalpijp (de)	neχir	נְחִיר (ז)
brandstof (de)	'delek	דֶלֶק (ז)
cabine (de)	'kokpit	קוֹקפִּיט (ז)
antenne (de)	an'tena	אַנטֶנָה (נ)
patrijspoort (de)	eʃnav	אֶשׁנָב (ז)
zonnebatterij (de)	'luaχ so'lari	לוּחַ סוֹלָרִי (ז)
ruimtepak (het)	χalifat χalal	חֲלִיפַת חָלָל (נ)
gewichtloosheid (de)	'χoser miʃkal	חוֹסֶר מִשׁקָל (ז)
zuurstof (de)	χamtsan	חַמצָן (ז)
koppeling (de)	agina	עֲגִינָה (נ)
koppeling maken	la'agon	לַעֲגוֹן
observatorium (het)	mitspe koχavim	מִצפֵּה כּוֹכָבִים (ז)
telescoop (de)	teleskop	טֶלֶסקוֹפּ (ז)
waarnemen (ww)	liʦpot, lehaʃkif	לִצפּוֹת, לְהַשׁקִיף
exploreren (ww)	laχkor	לַחקוֹר

123. De Aarde

Aarde (de)	kadur ha''arets	כַּדוּר הָאָרֶץ (ז)
aardbol (de)	kadur ha''arets	כַּדוּר הָאָרֶץ (ז)
planeet (de)	koχav 'leχet	כּוֹכַב לֶכֶת (ז)
atmosfeer (de)	atmos'fera	אַטמוֹספֶרָה (נ)
aardrijkskunde (de)	ge'o'grafya	גֵיאוֹגרַפיָה (נ)
natuur (de)	'teva	טֶבַע (ז)
wereldbol (de)	'globus	גלוֹבּוּס (ז)
kaart (de)	mapa	מַפָּה (נ)
atlas (de)	'atlas	אַטלָס (ז)
Europa (het)	ei'ropa	אֵירוֹפָּה (נ)
Azië (het)	'asya	אַסיָה (נ)
Afrika (het)	'afrika	אַפרִיקָה (נ)
Australië (het)	ost'ralya	אוֹסטרַליָה (נ)
Amerika (het)	a'merika	אָמֶרִיקָה (נ)
Noord-Amerika (het)	a'merika haʦfonit	אָמֶרִיקָה הַצפוֹנִית (נ)
Zuid-Amerika (het)	a'merika hadromit	אָמֶרִיקָה הַדרוֹמִית (נ)
Antarctica (het)	ya'beʃet an'tarktika	יַבֶּשֶׁת אַנטאַרקטִיקָה (נ)
Arctis (de)	'arktika	אַרקטִיקָה (נ)

124. Windrichtingen

noorden (het)	tsafon	צָפוֹן (ז)
naar het noorden	tsa'fona	צָפוֹנָה
in het noorden	batsafon	בַּצָפוֹן
noordelijk (bn)	tsfoni	צְפוֹנִי
zuiden (het)	darom	דָרוֹם (ז)
naar het zuiden	da'roma	דָרוֹמָה
in het zuiden	badarom	בַּדָרוֹם
zuidelijk (bn)	dromi	דרוֹמִי
westen (het)	ma'arav	מַעֲרָב (ז)
naar het westen	ma'a'rava	מַעֲרָבָה
in het westen	bama'arav	בַּמַעֲרָב
westelijk (bn)	ma'aravi	מַעֲרָבִי
oosten (het)	mizraχ	מִזרָח (ז)
naar het oosten	miz'raχa	מִזרָחָה
in het oosten	bamizraχ	בַּמִזרָח
oostelijk (bn)	mizraχi	מִזרָחִי

125. Zee. Oceaan

zee (de)	yam	יָם (ז)
oceaan (de)	ok'yanos	אוֹקיָאנוֹס (ז)
golf (baai)	mifrats	מִפרָץ (ז)
straat (de)	meitsar	מֵיצָר (ז)
grond (vaste grond)	yabaʃa	יַבָּשָׁה (נ)
continent (het)	ya'beʃet	יַבֶּשֶׁת (נ)
eiland (het)	i	אִי (ז)
schiereiland (het)	χatsi i	חֲצִי אִי (ז)
archipel (de)	arχipelag	אַרכִיפֶּלָג (ז)
baai, bocht (de)	mifrats	מִפרָץ (ז)
haven (de)	namal	נָמָל (ז)
lagune (de)	la'guna	לָגוּנָה (נ)
kaap (de)	kef	כֵּף (ז)
atol (de)	atol	אָטוֹל (ז)
rif (het)	ʃunit	שׁוּנִית (נ)
koraal (het)	almog	אַלמוֹג (ז)
koraalrif (het)	ʃunit almogim	שׁוּנִית אַלמוֹגִים (נ)
diep (bn)	amok	עָמוֹק
diepte (de)	'omek	עוֹמֶק (ז)
diepzee (de)	tehom	תְהוֹם (נ)
trog (bijv. Marianentrog)	maχteʃ	מַכתֵשׁ (ז)
stroming (de)	'zerem	זֶרֶם (ז)
omspoelen (ww)	lehakif	לְהַקִיף
oever (de)	χof	חוֹף (ז)

kust (de)	χof yam	חוֹף יָם (ז)
vloed (de)	ge'ut	גֵּאוּת (נ)
eb (de)	'ʃefel	שֵׁפֶל (ז)
ondiepte (ondiep water)	sirton	שִׂרְטוֹן (ז)
bodem (de)	karka'it	קַרְקָעִית (נ)
golf (hoge ~)	gal	גַּל (ז)
golfkam (de)	pisgat hagal	פִּסְגַּת הַגַּל (נ)
schuim (het)	'ketsef	קֶצֶף (ז)
storm (de)	sufa	סוּפָה (נ)
orkaan (de)	hurikan	הוּרִיקָן (ז)
tsunami (de)	tsu'nami	צוּנָאמִי (ז)
windstilte (de)	'roga	רוֹגַע (ז)
kalm (bijv. ~e zee)	ʃalev	שָׁלֵו
pool (de)	'kotev	קוֹטֶב (ז)
polair (bn)	kotbi	קוֹטְבִּי
breedtegraad (de)	kav 'roχav	קַו רוֹחַב (ז)
lengtegraad (de)	kav 'oreχ	קַו אוֹרֶךְ (ז)
parallel (de)	kav 'roχav	קַו רוֹחַב (ז)
evenaar (de)	kav hamaʃve	קַו הַמַּשְׁוֶה (ז)
hemel (de)	ʃa'mayim	שָׁמַיִם (ז"ר)
horizon (de)	'ofek	אוֹפֶק (ז)
lucht (de)	avir	אֲוִיר (ז)
vuurtoren (de)	migdalor	מִגְדַּלוֹר (ז)
duiken (ww)	litslol	לִצְלוֹל
zinken (ov. een boot)	lit'bo'a	לִטְבּוֹעַ
schatten (mv.)	otsarot	אוֹצָרוֹת (ז"ר)

126. Namen van zeeën en oceanen

Atlantische Oceaan (de)	ha'ok'yanus ha'at'lanti	הָאוֹקְיָינוֹס הָאַטְלַנְטִי (ז)
Indische Oceaan (de)	ha'ok'yanus ha'hodi	הָאוֹקְיָינוֹס הַהוֹדִי (ז)
Stille Oceaan (de)	ha'ok'yanus haʃaket	הָאוֹקְיָינוֹס הַשָּׁקֵט (ז)
Noordelijke IJszee (de)	ok'yanos ha'keraχ hatsfoni	אוֹקְיָינוֹס הַקֶּרַח הַצְּפוֹנִי (ז)
Zwarte Zee (de)	hayam haʃaχor	הַיָּם הַשָּׁחוֹר (ז)
Rode Zee (de)	yam suf	יַם סוּף (ז)
Gele Zee (de)	hayam hatsahov	הַיָּם הַצָּהוֹב (ז)
Witte Zee (de)	hayam halavan	הַיָּם הַלָּבָן (ז)
Kaspische Zee (de)	hayam ha'kaspi	הַיָּם הַכַּסְפִּי (ז)
Dode Zee (de)	yam ha'melaχ	יַם הַמֶּלַח (ז)
Middellandse Zee (de)	hayam hatiχon	הַיָּם הַתִּיכוֹן (ז)
Egeïsche Zee (de)	hayam ha'e'ge'i	הַיָּם הָאֲגָאִי (ז)
Adriatische Zee (de)	hayam ha'adri'yati	הַיָּם הָאַדְרִיָּאתִי (ז)
Arabische Zee (de)	hayam ha'aravi	הַיָּם הָעֲרָבִי (ז)
Japanse Zee (de)	hayam haya'pani	הַיָּם הַיַּפָּנִי (ז)

Beringzee (de)	yam 'bering	יָם בֶּרִינג (ז)
Zuid-Chinese Zee (de)	yam sin hadromi	יָם סִין הַדרוֹמִי (ז)
Koraalzee (de)	yam ha'almogim	יָם הָאַלמוֹגִים (ז)
Tasmanzee (de)	yam tasman	יָם טסמָן (ז)
Caribische Zee (de)	hayam haka'ribi	הַיָם הַקָרִיבִּי (ז)
Barentszzee (de)	yam 'barents	ים בָּרֶנץ (ז)
Karische Zee (de)	yam 'kara	יָם קָאָרָה (ז)
Noordzee (de)	hayam hatsfoni	הַיָם הַצפוֹנִי (ז)
Baltische Zee (de)	hayam ha'balti	הַיָם הַבַּלטִי (ז)
Noorse Zee (de)	hayam hanor'vegi	הַיָם הַנוֹרבֶגִי (ז)

127. Bergen

berg (de)	har	הַר (ז)
bergketen (de)	'rexes harim	רֶכֶס הָרִים (ז)
gebergte (het)	'rexes har	רֶכֶס הַר (ז)
bergtop (de)	pisga	פִּסגָה (נ)
bergpiek (de)	pisga	פִּסגָה (נ)
voet (ov. de berg)	margelot	מַרגְלוֹת (נ״ר)
helling (de)	midron	מִדרוֹן (ז)
vulkaan (de)	har 'ga'aʃ	הַר גַעַש (ז)
actieve vulkaan (de)	har 'ga'aʃ pa'il	הַר גַעַש פָּעִיל (ז)
uitgedoofde vulkaan (de)	har 'ga'aʃ radum	הַר גַעַש רָדוּם (ז)
uitbarsting (de)	hitpartsut	הִתפָּרצוּת (נ)
krater (de)	lo'a	לוֹעַ (ז)
magma (het)	megama	מָגמָה (נ)
lava (de)	'lava	לָאבָה (נ)
gloeiend (~e lava)	lohet	לוֹהֵט
kloof (canyon)	kanyon	קַניוֹן (ז)
bergkloof (de)	gai	גַיא (ז)
spleet (de)	'beka	בֶּקַע (ז)
afgrond (de)	tehom	תְהוֹם (נ)
bergpas (de)	ma'avar harim	מַעֲבַר הָרִים (ז)
plateau (het)	rama	רָמָה (נ)
klip (de)	tsuk	צוּק (ז)
heuvel (de)	giv'a	גִבעָה (נ)
gletsjer (de)	karxon	קַרחוֹן (ז)
waterval (de)	mapal 'mayim	מַפַּל מַיִם (ז)
geiser (de)	'geizer	גֵייזֶר (ז)
meer (het)	agam	אֲגַם (ז)
vlakte (de)	miʃor	מִישוֹר (ז)
landschap (het)	nof	נוֹף (ז)
echo (de)	hed	הֵד (ז)
alpinist (de)	metapes harim	מְטַפֵּס הָרִים (ז)

bergbeklimmer (de)	metapes sla'im	מְטַפֵּס סְלָעִים (ז)
trotseren (berg ~)	lixboʃ	לִכְבּוֹשׁ
beklimming (de)	tipus	טִיפּוּס (ז)

128. Bergen namen

Alpen (de)	harei ha''alpim	הָרֵי הָאָלְפִּים (ז"ר)
Mont Blanc (de)	mon blan	מוֹן בְּלָאן (ז)
Pyreneeën (de)	pire'ne'im	פִּירֶנָאִים (ז"ר)
Karpaten (de)	kar'patim	קַרְפָּטִים (ז"ר)
Oeralgebergte (het)	harei ural	הָרֵי אוּרָל (ז"ר)
Kaukasus (de)	harei hakavkaz	הָרֵי הַקַּווֹקָז (ז"ר)
Elbroes (de)	elbrus	אֶלְבְּרוּס (ז)
Altaj (de)	harei altai	הָרֵי אַלְטָאי (ז"ר)
Tiensjan (de)	tyan ʃan	טְיָאן שָׁאן (ז)
Pamir (de)	harei pamir	הָרֵי פָּאמִיר (ז"ר)
Himalaya (de)	harei hehima'laya	הָרֵי הַהִימָלַאיָה (ז"ר)
Everest (de)	everest	אֶוֶרֶסְט (ז)
Andes (de)	harei ha''andim	הָרֵי הָאַנְדִים (ז"ר)
Kilimanjaro (de)	kiliman'dʒaro	קִילִימַנְגְ'רוֹ (ז)

129. Rivieren

rivier (de)	nahar	נָהָר (ז)
bron (~ van een rivier)	ma'ayan	מַעְיָן (ז)
rivierbedding (de)	afik	אָפִיק (ז)
rivierbekken (het)	agan nahar	אֲגַן נָהָר (ז)
uitmonden in ...	lehiʃapex	לְהִישָׁפֵךְ
zijrivier (de)	yuval	יוּבַל (ז)
oever (de)	xof	חוֹף (ז)
stroming (de)	'zerem	זֶרֶם (ז)
stroomafwaarts (bw)	bemorad hanahar	בְּמוֹרַד הַנָהָר
stroomopwaarts (bw)	bema'ale hanahar	בְּמַעֲלֵה הַנָהָר
overstroming (de)	hatsafa	הַצָפָה (נ)
overstroming (de)	ʃitafon	שִׁיטָפוֹן (ז)
buiten zijn oevers treden	la'alot al gdotav	לַעֲלוֹת עַל גְדוֹתָיו
overstromen (ww)	lehatsif	לְהָצִיף
zandbank (de)	sirton	שִׂרְטוֹן (ז)
stroomversnelling (de)	'eʃed	אֶשֶׁד (ז)
dam (de)	'sexer	סֶכֶר (ז)
kanaal (het)	te'ala	תְּעָלָה (נ)
spaarbekken (het)	ma'agar 'mayim	מַאֲגַר מַיִם (ז)
sluis (de)	ta ʃayit	תָּא שַׁיִט (ז)
waterlichaam (het)	ma'agar 'mayim	מַאֲגַר מַיִם (ז)

moeras (het)	bitsa	בִּיצָה (נ)
broek (het)	bitsa	בִּיצָה (נ)
draaikolk (de)	me'ar'bolet	מְעַרְבֹּלֶת (נ)
stroom (de)	'naxal	נַחַל (ז)
drink- (abn)	ʃel ʃtiya	שֶׁל שְׁתִיָּה
zoet (~ water)	metukim	מְתוּקִים
IJs (het)	'kerax	קֶרַח (ז)
bevriezen (rivier, enz.)	likpo	לִקְפּוֹא

130. Namen van rivieren

Seine (de)	hasen	הַסֶן (ז)
Loire (de)	lu'ar	לוּאָר (ז)
Theems (de)	'temza	תָמְזָה (ז)
Rijn (de)	hrain	הרַיִין (ז)
Donau (de)	da'nuba	דָנוּבָּה (ז)
Wolga (de)	'volga	וֹולְגָה (ז)
Don (de)	nahar don	נְהַר דּוֹן (ז)
Lena (de)	'lena	לֶנָה (ז)
Gele Rivier (de)	hvang ho	הוֹואנג הוֹ (ז)
Blauwe Rivier (de)	yangtse	יָאנגצֶה (ז)
Mekong (de)	mekong	מֶקוֹנג (ז)
Ganges (de)	'ganges	גנגֶס (ז)
Nijl (de)	'nilus	נִילוּס (ז)
Kongo (de)	'kongo	קוֹנגוֹ (ז)
Okavango (de)	ok'vango	אוֹקבָבנגוֹ (ז)
Zambezi (de)	zam'bezi	זַמבֶּזִי (ז)
Limpopo (de)	limpopo	לִימפּוֹפוֹ (ז)
Mississippi (de)	misi'sipi	מִיסִיסִיפִּי (ז)

131. Bos

bos (het)	'ya'ar	יַעַר (ז)
bos- (abn)	ʃel 'ya'ar	שֶׁל יַעַר
oerwoud (dicht bos)	avi ha'ya'ar	עֲבִי הַיַעַר (ז)
bosje (klein bos)	xurʃa	חוּרשָׁה (נ)
open plek (de)	ka'raxat 'ya'ar	קַחַת יַעַר (נ)
struikgewas (het)	svax	סְבַךְ (ז)
struiken (mv.)	'siax	שִׂיחַ (ז)
paadje (het)	ʃvil	שְׁבִיל (ז)
ravijn (het)	'emek tsar	עֵמֶק צַר (ז)
boom (de)	ets	עֵץ (ז)
blad (het)	ale	עָלֶה (ז)

Nederlands	Transliteratie	Hebreeuws
gebladerte (het)	alva	עֲלָוָוה (נ)
vallende bladeren (mv.)	ʃa'leχet	שַׁלֶּכֶת (נ)
vallen (ov. de bladeren)	linʃor	לִנְשׁוֹר
boomtop (de)	tsa'meret	צַמֶּרֶת (נ)
tak (de)	anaf	עָנָף (ז)
ent (de)	anaf ave	עָנָף עָבֶה (ז)
knop (de)	nitsan	נִיצָן (ז)
naald (de)	'maχat	מַחַט (נ)
dennenappel (de)	itstrubal	אִצְטְרוּבָּל (ז)
boom holte (de)	χor ba'ets	חוֹר בָּעֵץ (ז)
nest (het)	ken	קֵן (ז)
hol (het)	meχila	מְחִילָה (נ)
stam (de)	'geza	גֶּזַע (ז)
wortel (bijv. boom~s)	'ʃoreʃ	שׁוֹרֶשׁ (ז)
schors (de)	klipa	קְלִיפָּה (נ)
mos (het)	taχav	טַחַב (ז)
ontwortelen (een boom)	la'akor	לַעֲקוֹר
kappen (een boom ~)	liχrot	לִכְרוֹת
ontbossen (ww)	levare	לְבָרֵא
stronk (de)	'gedem	גֶּדֶם (ז)
kampvuur (het)	medura	מְדוּרָה (נ)
bosbrand (de)	srefa	שְׂרֵיפָה (נ)
blussen (ww)	leχabot	לְכַבּוֹת
boswachter (de)	ʃomer 'ya'ar	שׁוֹמֵר יַעַר (ז)
bescherming (de)	ʃmira	שְׁמִירָה (נ)
beschermen (bijv. de natuur ~)	liʃmor	לִשְׁמוֹר
stroper (de)	tsayad lelo reʃut	צַיָּד לְלֹא רְשׁוּת (ז)
val (de)	mal'kodet	מַלְכּוֹדֶת (נ)
plukken (vruchten, enz.)	lelaket	לְלַקֵּט
verdwalen (de weg kwijt zijn)	lit'ot	לִתְעוֹת

132. Natuurlijke hulpbronnen

Nederlands	Transliteratie	Hebreeuws
natuurlijke rijkdommen (mv.)	otsarot 'teva	אוֹצְרוֹת טֶבַע (ז״ר)
delfstoffen (mv.)	mine'ralim	מִינֶרָלִים (ז״ר)
lagen (mv.)	mirbats	מִרְבָּץ (ז)
veld (bijv. olie~)	mirbats	מִרְבָּץ (ז)
winnen (uit erts ~)	liχrot	לִכְרוֹת
winning (de)	kriya	כְּרִיָּה (נ)
erts (het)	afra	עַפְרָה (נ)
mijn (bijv. kolenmijn)	miχre	מִכְרֶה (ז)
mijnschacht (de)	pir	פִּיר (ז)
mijnwerker (de)	kore	כּוֹרֶה (ז)
gas (het)	gaz	גָּז (ז)
gasleiding (de)	tsinor gaz	צִינּוֹר גָּז (ז)

olie (aardolie)	neft	נֵפְט (ז)
olieleiding (de)	tsinor neft	צִינוֹר נֵפְט (ז)
oliebron (de)	be'er neft	בְּאֵר נֵפְט (נ)
boortoren (de)	migdal ki'duax	מִגְדַל קִידוּחַ (ז)
tanker (de)	mexalit	מֵיכָלִית (נ)
zand (het)	xol	חוֹל (ז)
kalksteen (de)	'even gir	אֶבֶן גִיר (נ)
grind (het)	xatsats	חָצָץ (ז)
veen (het)	kavul	כָּבוּל (ז)
klei (de)	tit	טִיט (ז)
steenkool (de)	pexam	פֶּחָם (ז)
IJzer (het)	barzel	בַּרְזֶל (ז)
goud (het)	zahav	זָהָב (ז)
zilver (het)	'kesef	כֶּסֶף (ז)
nikkel (het)	'nikel	נִיקֶל (ז)
koper (het)	ne'xoʃet	נְחוֹשֶׁת (נ)
zink (het)	avats	אָבָץ (ז)
mangaan (het)	mangan	מַנגָן (ז)
kwik (het)	kaspit	כַּסְפִּית (נ)
lood (het)	o'feret	עוֹפֶרֶת (נ)
mineraal (het)	mineral	מִינֶרָל (ז)
kristal (het)	gaviʃ	גָבִישׁ (ז)
marmer (het)	'ʃayiʃ	שַׁיִשׁ (ז)
uraan (het)	u'ranyum	אוּרָנְיוּם (ז)

De Aarde. Deel 2

133. Weer

Nederlands	Transliteratie	Hebreeuws
weer (het)	'mezeg avir	מֶזֶג אֲוִיר (ז)
weersvoorspelling (de)	taxazit 'mezeg ha'avir	תַחֲזִית מֶזֶג הָאֲוִיר (נ)
temperatuur (de)	tempera'tura	טֶמְפֶּרָטוּרָה (נ)
thermometer (de)	madxom	מַדחוֹם (ז)
barometer (de)	ba'rometer	בָּרוֹמֶטֶר (ז)
vochtig (bn)	lax	לַח
vochtigheid (de)	laxut	לַחוּת (נ)
hitte (de)	xom	חוֹם (ז)
heet (bn)	xam	חַם
het is heet	xam	חַם
het is warm	xamim	חַמִים
warm (bn)	xamim	חַמִים
het is koud	kar	קַר
koud (bn)	kar	קַר
zon (de)	'ʃemeʃ	שֶמֶש (נ)
schijnen (de zon)	lizhor	לִזהוֹר
zonnig (~e dag)	ʃimʃi	שִמשִי
opgaan (ov. de zon)	liz'roax	לִזרוֹחַ
ondergaan (ww)	liʃ'ko'a	לִשקוֹעַ
wolk (de)	anan	עָנָן (ז)
bewolkt (bn)	me'unan	מְעוּנָן
regenwolk (de)	av	עָב (ז)
somber (bn)	sagriri	סַגרִירִי
regen (de)	'geʃem	גֶשֶם (ז)
het regent	yored 'geʃem	יוֹרֵד גֶשֶם
regenachtig (bn)	gaʃum	גָשוּם
motregenen (ww)	letaftef	לְטַפטֵף
plensbui (de)	matar	מָטָר (ז)
stortbui (de)	mabul	מַבּוּל (ז)
hard (bn)	xazak	חָזָק
plas (de)	ʃlulit	שלוּלִית (נ)
nat worden (ww)	lehitratev	לְהִתרַטֵב
mist (de)	arapel	עֲרָפֶל (ז)
mistig (bn)	me'urpal	מְעוּרפָּל
sneeuw (de)	'ʃeleg	שֶלֶג (ז)
het sneeuwt	yored 'ʃeleg	יוֹרֵד שֶלֶג

134. Zwaar weer. Natuurrampen

noodweer (storm)	sufat re'amim	סוּפַת רְעָמִים (נ)
bliksem (de)	barak	בָּרָק (ז)
flitsen (ww)	livhok	לִבְהוֹק
donder (de)	'ra'am	רַעַם (ז)
donderen (ww)	lir'om	לִרְעוֹם
het dondert	lir'om	לִרְעוֹם
hagel (de)	barad	בָּרָד (ז)
het hagelt	yored barad	יוֹרֵד בָּרָד
overstromen (ww)	lehatsif	לְהָצִיף
overstroming (de)	ʃitafon	שִׁיטָפוֹן (ז)
aardbeving (de)	re'idat adama	רְעִידַת אֲדָמָה (נ)
aardschok (de)	re'ida	רְעִידָה (נ)
epicentrum (het)	moked	מוֹקֵד (ז)
uitbarsting (de)	hitpartsut	הִתְפָּרְצוּת (נ)
lava (de)	'lava	לָאבָה (נ)
wervelwind (de)	hurikan	הוּרִיקָן (ז)
windhoos (de)	tor'nado	טוֹרְנָדוֹ (ז)
tyfoon (de)	taifun	טַייפוּן (ז)
orkaan (de)	hurikan	הוּרִיקָן (ז)
storm (de)	sufa	סוּפָה (נ)
tsunami (de)	tsu'nami	צוּנָאמִי (ז)
cycloon (de)	tsiklon	צִיקלוֹן (ז)
onweer (het)	sagrir	סַגְרִיר (ז)
brand (de)	srefa	שְׂרֵיפָה (נ)
ramp (de)	ason	אָסוֹן (ז)
meteoriet (de)	mete'orit	מֶטְאוֹרִיט (ז)
lawine (de)	ma'polet ʃlagim	מַפּוֹלֶת שְׁלָגִים (נ)
sneeuwverschuiving (de)	ma'polet ʃlagim	מַפּוֹלֶת שְׁלָגִים (נ)
sneeuwjacht (de)	sufat ʃlagim	סוּפַת שְׁלָגִים (נ)
sneeuwstorm (de)	sufat ʃlagim	סוּפַת שְׁלָגִים (נ)

Fauna

135. Zoogdieren. Roofdieren

roofdier (het)	χayat 'teref	חַיַּת טֶרֶף (נ)
tijger (de)	'tigris	טִיגְרִיס (ז)
leeuw (de)	arye	אַרְיֵה (ז)
wolf (de)	ze'ev	זְאֵב (ז)
vos (de)	ʃu'al	שׁוּעָל (ז)
jaguar (de)	yagu'ar	יָגוּאָר (ז)
luipaard (de)	namer	נָמֵר (ז)
jachtluipaard (de)	bardelas	בַּרְדְּלָס (ז)
panter (de)	panter	פַּנְתֵּר (ז)
poema (de)	'puma	פּוּמָה (נ)
sneeuwluipaard (de)	namer 'ʃeleg	נְמֵר שֶׁלֶג (ז)
lynx (de)	ʃunar	שׁוּנָר (ז)
coyote (de)	ze'ev ha'aravot	זְאֵב הָעֲרָבוֹת (ז)
jakhals (de)	tan	תַּן (ז)
hyena (de)	tsa'vo'a	צָבוֹעַ (ז)

136. Wilde dieren

dier (het)	'ba'al χayim	בַּעַל חַיִּים (ז)
beest (het)	χaya	חַיָּה (נ)
eekhoorn (de)	sna'i	סְנָאִי (ז)
egel (de)	kipod	קִיפּוֹד (ז)
haas (de)	arnav	אַרְנָב (ז)
konijn (het)	ʃafan	שָׁפָן (ז)
das (de)	girit	גִּירִית (נ)
wasbeer (de)	dvivon	דְּבִיבוֹן (ז)
hamster (de)	oger	אוֹגֵר (ז)
marmot (de)	mar'mita	מַרְמִיטָה (נ)
mol (de)	χafar'peret	חֲפַרְפֶּרֶת (נ)
muis (de)	aχbar	עַכְבָּר (ז)
rat (de)	χulda	חוּלְדָּה (נ)
vleermuis (de)	atalef	עֲטַלֵּף (ז)
hermelijn (de)	hermin	קַרְמִין (ז)
sabeldier (het)	tsobel	צוֹבֶּל (ז)
marter (de)	dalak	דָּלָק (ז)
wezel (de)	χamus	חָמוּס (ז)
nerts (de)	χorfan	חוֹרְפָן (ז)

bever (de)	bone	בּוֹנֶה (ז)
otter (de)	lutra	לוּטְרָה (נ)
paard (het)	sus	סוּס (ז)
eland (de)	ayal hakore	אַיָּל הַקּוֹרֵא (ז)
hert (het)	ayal	אַיָּל (ז)
kameel (de)	gamal	גָּמָל (ז)
bizon (de)	bizon	בִּיזוֹן (ז)
oeros (de)	bizon ei'ropi	בִּיזוֹן אֵירוֹפִּי (ז)
buffel (de)	te'o	תְּאוֹ (ז)
zebra (de)	'zebra	זֶבְּרָה (נ)
antilope (de)	anti'lopa	אַנְטִילוֹפָּה (נ)
ree (de)	ayal hakarmel	אַיָּל הַכַּרְמֶל (ז)
damhert (het)	yaxmur	יַחְמוּר (ז)
gems (de)	ya'el	יָעֵל (ז)
everzwijn (het)	xazir bar	חֲזִיר בָּר (ז)
walvis (de)	livyatan	לִוְיָתָן (ז)
rob (de)	'kelev yam	כֶּלֶב יָם (ז)
walrus (de)	sus yam	סוּס יָם (ז)
zeehond (de)	dov yam	דֹּב יָם (ז)
dolfijn (de)	dolfin	דוֹלְפִין (ז)
beer (de)	dov	דֹּב (ז)
IJsbeer (de)	dov 'kotev	דֹּב קוֹטֶב (ז)
panda (de)	'panda	פַּנְדָּה (נ)
aap (de)	kof	קוֹף (ז)
chimpansee (de)	ʃimpanze	שִׁימְפַּנְזָה (נ)
orang-oetan (de)	orang utan	אוֹרַנְג־אוּטָן (ז)
gorilla (de)	go'rila	גּוֹרִילָה (נ)
makaak (de)	makak	מָקָק (ז)
gibbon (de)	gibon	גִּיבּוֹן (ז)
olifant (de)	pil	פִּיל (ז)
neushoorn (de)	karnaf	קַרְנָף (ז)
giraffe (de)	dʒi'rafa	גִּ'ירָפָה (נ)
nijlpaard (het)	hipopotam	הִיפּוֹפּוֹטָם (ז)
kangoeroe (de)	'kenguru	קֶנְגוּרוּ (ז)
koala (de)	ko''ala	קוֹאָלָה (ז)
mangoest (de)	nemiya	נְמִיָּה (נ)
chinchilla (de)	tʃin'tʃila	צִ'ינְצִ'ילָה (נ)
stinkdier (het)	bo'eʃ	בּוֹאֵשׁ (ז)
stekelvarken (het)	darban	דַּרְבָּן (ז)

137. Huisdieren

poes (de)	xatula	חֲתוּלָה (נ)
kater (de)	xatul	חָתוּל (ז)
hond (de)	'kelev	כֶּלֶב (ז)

paard (het)	sus	סוּס (ז)
hengst (de)	sus harba'a	סוּס הַרְבָּעָה (ז)
merrie (de)	susa	סוּסָה (נ)
koe (de)	para	פָּרָה (נ)
stier (de)	ʃor	שׁוֹר (ז)
os (de)	ʃor	שׁוֹר (ז)
schaap (het)	kivsa	כִּבְשָׂה (נ)
ram (de)	'ayil	אַיִל (ז)
geit (de)	ez	עֵז (נ)
bok (de)	'tayiʃ	תַּיִשׁ (ז)
ezel (de)	χamor	חֲמוֹר (ז)
muilezel (de)	'pered	פֶּרֶד (ז)
varken (het)	χazir	חֲזִיר (ז)
biggetje (het)	χazarzir	חֲזַרְזִיר (ז)
konijn (het)	arnav	אַרְנָב (ז)
kip (de)	tarne'golet	תַּרְנְגוֹלֶת (נ)
haan (de)	tarnegol	תַּרְנְגוֹל (ז)
eend (de)	barvaz	בַּרְוָז (ז)
woerd (de)	barvaz	בַּרְוָז (ז)
gans (de)	avaz	אַוָּז (ז)
kalkoen haan (de)	tarnegol 'hodu	תַּרְנְגוֹל הוֹדוּ (ז)
kalkoen (de)	tarne'golet 'hodu	תַּרְנְגוֹלֶת הוֹדוּ (נ)
huisdieren (mv.)	χayot 'bayit	חַיּוֹת בַּיִת (נ״ר)
tam (bijv. hamster)	mevuyat	מְבוּיָת
temmen (tam maken)	levayet	לְבַיֵּת
fokken (bijv. paarden ~)	lehar'bi'a	לְהַרְבִּיעַ
boerderij (de)	χava	חַוָּה (נ)
gevogelte (het)	ofot 'bayit	עוֹפוֹת בַּיִת (נ״ר)
rundvee (het)	bakar	בָּקָר (ז)
kudde (de)	'eder	עֵדֶר (ז)
paardenstal (de)	urva	אוּרְוָה (נ)
zwijnenstal (de)	dir χazirim	דִּיר חֲזִירִים (ז)
koeienstal (de)	'refet	רֶפֶת (נ)
konijnenhok (het)	arnaviya	אַרְנָבִיָּה (נ)
kippenhok (het)	lul	לוּל (ז)

138. Vogels

vogel (de)	tsipor	צִיפּוֹר (נ)
duif (de)	yona	יוֹנָה (נ)
mus (de)	dror	דְּרוֹר (ז)
koolmees (de)	yargazi	יַרְגָּזִי (ז)
ekster (de)	orev neχalim	עוֹרֵב נְחָלִים (ז)
raaf (de)	orev ʃaχor	עוֹרֵב שָׁחוֹר (ז)

kraai (de)	orev afor	עוֹרֵב אָפוֹר (ז)
kauw (de)	ka'ak	קָאָק (ז)
roek (de)	orev hamizra	עוֹרֵב הַמִזרָע (ז)
eend (de)	barvaz	בַּרוָז (ז)
gans (de)	avaz	אַוָז (ז)
fazant (de)	pasyon	פַסיוֹן (ז)
arend (de)	'ayit	עַיִט (ז)
havik (de)	nets	נֵץ (ז)
valk (de)	baz	בַּז (ז)
gier (de)	ozniya	עוֹזנִיָה (ז)
condor (de)	kondor	קוֹנדוֹר (ז)
zwaan (de)	barbur	בַּרבּוּר (ז)
kraanvogel (de)	agur	עָגוּר (ז)
ooievaar (de)	χasida	חֲסִידָה (נ)
papegaai (de)	'tuki	תוּכִּי (ז)
kolibrie (de)	ko'libri	קוֹלִיבּרִי (ז)
pauw (de)	tavas	טַוָוס (ז)
struisvogel (de)	bat ya'ana	בַּת יַעֲנָה (נ)
reiger (de)	anafa	אֲנָפָה (נ)
flamingo (de)	fla'mingo	פלָמִינגוֹ (ז)
pelikaan (de)	saknai	שַׂקנַאי (ז)
nachtegaal (de)	zamir	זָמִיר (ז)
zwaluw (de)	snunit	סנוּנִית (נ)
lijster (de)	kiχli	קִיבּלִי (ז)
zanglijster (de)	kiχli mezamer	קִיבּלִי מְזַמֵר (ז)
merel (de)	kiχli ʃaχor	קִיבּלִי שָׁחוֹר (ז)
gierzwaluw (de)	sis	סִיס (ז)
leeuwerik (de)	efroni	עֶפרוֹנִי (ז)
kwartel (de)	slav	שׂלָיו (ז)
specht (de)	'neker	נַקָר (ז)
koekoek (de)	kukiya	קוּקִיָה (נ)
uil (de)	yanʃuf	יַנשוּף (ז)
oehoe (de)	'oaχ	אוֹחַ (ז)
auerhoen (het)	seχvi 'ya'ar	שְׂכוִוי יַעַר (ז)
korhoen (het)	seχvi	שְׂכוִוי (ז)
patrijs (de)	χogla	חוֹגלָה (נ)
spreeuw (de)	zarzir	זַרזִיר (ז)
kanarie (de)	ka'narit	קָנָרִית (נ)
hazelhoen (het)	seχvi haya'arot	שְׂכוִוי הַיְעָרוֹת (ז)
vink (de)	paroʃ	פָרוּש (ז)
goudvink (de)	admonit	אַדמוֹנִית (נ)
meeuw (de)	'ʃaχaf	שַׁחַף (ז)
albatros (de)	albatros	אַלבַּטרוֹס (ז)
pinguïn (de)	pingvin	פִינגוִוין (ז)

139. Vis. Zeedieren

brasem (de)	avroma	אַבְרוֹמָה (נ)
karper (de)	karpiyon	קַרְפְיוֹן (ז)
baars (de)	'okunus	אוֹקוּנוּס (ז)
meerval (de)	sfamnun	שְׂפַמְנוּן (ז)
snoek (de)	ze'ev 'mayim	זְאֵב מַיִם (ז)
zalm (de)	'salmon	סַלְמוֹן (ז)
steur (de)	χidkan	חִדְקָן (ז)
haring (de)	ma'liaχ	מָלִיחַ (ז)
atlantische zalm (de)	iltit	אִילְתִּית (נ)
makreel (de)	makarel	מָקָרֶל (ז)
platvis (de)	dag moʃe ra'benu	דַג מֹשֶׁה רַבֵּנוּ (ז)
snoekbaars (de)	amnun	אַמְנוּן (ז)
kabeljauw (de)	ʃibut	שִׁיבּוּט (ז)
tonijn (de)	'tuna	טוּנָה (נ)
forel (de)	forel	פוֹרֶל (ז)
paling (de)	tslofaχ	צְלוֹפַח (ז)
sidderrog (de)	trisanit	תְּרִיסָנִית (נ)
murene (de)	mo'rena	מוֹרֶנָה (נ)
piranha (de)	pi'ranya	פִּירַנְיָה (נ)
haai (de)	kariʃ	כָּרִישׁ (ז)
dolfijn (de)	dolfin	דוֹלְפִין (ז)
walvis (de)	livyatan	לִוְיָתָן (ז)
krab (de)	sartan	סַרְטָן (ז)
kwal (de)	me'duza	מֶדוּזָה (נ)
octopus (de)	tamnun	תַּמְנוּן (ז)
zeester (de)	koχav yam	כּוֹכַב יָם (ז)
zee-egel (de)	kipod yam	קִיפּוֹד יָם (ז)
zeepaardje (het)	suson yam	סוּסוֹן יָם (ז)
oester (de)	tsidpa	צִדְפָּה (נ)
garnaal (de)	χasilon	חָסִילוֹן (ז)
kreeft (de)	'lobster	לוֹבְּסְטֶר (ז)
langoest (de)	'lobster kotsani	לוֹבְּסְטֶר קוֹצָנִי (ז)

140. Amfibieën. Reptielen

slang (de)	naχaʃ	נָחָשׁ (ז)
giftig (slang)	arsi	אַרְסִי
adder (de)	'tsefa	צֶפַע (ז)
cobra (de)	'peten	פֶּתֶן (ז)
python (de)	piton	פִּיתוֹן (ז)
boa (de)	χanak	חַנָק (ז)
ringslang (de)	naχaʃ 'mayim	נָחָשׁ מַיִם (ז)

ratelslang (de)	ʃfifon	שְׁפִיפוֹן (ז)
anaconda (de)	ana'konda	אֲנָקוֹנְדָה (נ)
hagedis (de)	leta'a	לְטָאָה (נ)
leguaan (de)	igu"ana	אִיגוּאָנָה (נ)
varaan (de)	'koaχ	כּוֹחַ (ז)
salamander (de)	sala'mandra	סָלָמַנְדְרָה (נ)
kameleon (de)	zikit	זִיקִית (נ)
schorpioen (de)	akrav	עַקְרָב (ז)
schildpad (de)	tsav	צָב (ז)
kikker (de)	tsfar'de'a	צְפַרְדֵעַ (נ)
pad (de)	karpada	קַרְפָּדָה (נ)
krokodil (de)	tanin	תַּנִין (ז)

141. Insecten

insect (het)	χarak	חָרָק (ז)
vlinder (de)	parpar	פַּרְפַּר (ז)
mier (de)	nemala	נְמָלָה (נ)
vlieg (de)	zvuv	זְבוּב (ז)
mug (de)	yatuʃ	יַתוּשׁ (ז)
kever (de)	χipuʃit	חִיפּוּשִׁית (נ)
wesp (de)	tsir'a	צִרְעָה (נ)
bij (de)	dvora	דְבוֹרָה (נ)
hommel (de)	dabur	דַבּוּר (ז)
horzel (de)	zvuv hasus	זְבוּב הַסוּס (ז)
spin (de)	akaviʃ	עַכָּבִישׁ (ז)
spinnenweb (het)	kurei akaviʃ	קוּרֵי עַכָּבִישׁ (ז״ר)
libel (de)	ʃapirit	שַׁפִּירִית (נ)
sprinkhaan (de)	χagav	חָגָב (ז)
nachtvlinder (de)	aʃ	עָשׁ (ז)
kakkerlak (de)	makak	מָקָק (ז)
mijt (de)	kartsiya	קַרְצִיָה (נ)
vlo (de)	par'oʃ	פַּרְעוֹשׁ (ז)
kriebelmug (de)	yavχuʃ	יַבְחוּשׁ (ז)
treksprinkhaan (de)	arbe	אַרְבֶּה (ז)
slak (de)	χilazon	חִילָזוֹן (ז)
krekel (de)	tsartsar	צְרָצַר (ז)
glimworm (de)	gaχlilit	גַחְלִילִית (נ)
lieveheersbeestje (het)	parat moʃe ra'benu	פָּרַת מֹשֶׁה רַבֵּנוּ (נ)
meikever (de)	χipuʃit aviv	חִיפּוּשִׁית אָבִיב (נ)
bloedzuiger (de)	aluka	עֲלוּקָה (נ)
rups (de)	zaχal	זַחַל (ז)
aardworm (de)	to'la'at	תוֹלַעַת (נ)
larve (de)	'deren	דֶרֶן (ז)

Flora

142. Bomen

boom (de)	ets	עֵץ (ז)
loof- (abn)	naʃir	נָשִׁיר
dennen- (abn)	maxtani	מַחְטָנִי
groenblijvend (bn)	yarok ad	יָרוֹק עַד
appelboom (de)	ta'puax	תַּפּוּחַ (ז)
perenboom (de)	agas	אַגָּס (ז)
zoete kers (de)	gudgedan	גּוּדְגְּדָן (ז)
zure kers (de)	duvdevan	דֻּבְדְּבָן (ז)
pruimelaar (de)	ʃezif	שְׁזִיף (ז)
berk (de)	ʃadar	שָׁדָר (ז)
eik (de)	alon	אַלּוֹן (ז)
linde (de)	'tilya	טִילְיָה (נ)
esp (de)	aspa	אַסְפָּה (נ)
esdoorn (de)	'eder	אֶדֶר (ז)
spar (de)	a'ʃuax	אַשּׁוּחַ (ז)
den (de)	'oren	אֹרֶן (ז)
lariks (de)	arzit	אַרְזִית (נ)
zilverspar (de)	a'ʃuax	אַשּׁוּחַ (ז)
ceder (de)	'erez	אֶרֶז (ז)
populier (de)	tsaftsefa	צַפְצָפָה (נ)
lijsterbes (de)	ben xuzrar	בֶּן־חֻזְרָר (ז)
wilg (de)	arava	עֲרָבָה (נ)
els (de)	alnus	אַלְנוּס (ז)
beuk (de)	aʃur	אָשׁוּר (ז)
iep (de)	bu'kitsa	בּוּקִיצָה (נ)
es (de)	mela	מֵילָה (נ)
kastanje (de)	armon	עַרְמוֹן (ז)
magnolia (de)	mag'nolya	מַגְנוֹלְיָה (נ)
palm (de)	'dekel	דֶּקֶל (ז)
cipres (de)	broʃ	בְּרוֹשׁ (ז)
mangrove (de)	mangrov	מַנְגְּרוֹב (ז)
baobab (apenbroodboom)	ba'obab	בָּאוֹבָּב (ז)
eucalyptus (de)	eika'liptus	אֵיקָלִיפְּטוּס (ז)
mammoetboom (de)	sek'voya	סֶקְווֹיָה (נ)

143. Heesters

struik (de)	'siax	שִׂיחַ (ז)
heester (de)	'siax	שִׂיחַ (ז)

wijnstok (de)	'gefen	גֶּפֶן (ז)
wijngaard (de)	'kerem	כֶּרֶם (ז)
frambozenstruik (de)	'petel	פֶּטֶל (ז)
zwarte bes (de)	'siaχ dumdemaniyot ʃχorot	שִׂיחַ דּוּמְדְּמָנִיּוֹת שְׁחוֹרוֹת (ז)
rode bessenstruik (de)	'siaχ dumdemaniyot adumot	שִׂיחַ דּוּמְדְּמָנִיּוֹת אֲדוּמּוֹת (ז)
kruisbessenstruik (de)	χazarzar	חֲזַרְזַר (ז)
acacia (de)	ʃita	שִׁיטָה (נ)
zuurbes (de)	berberis	בַּרְבֶּרִיס (ז)
jasmijn (de)	yasmin	יַסְמִין (ז)
jeneverbes (de)	ar'ar	עַרְעָר (ז)
rozenstruik (de)	'siaχ vradim	שִׂיחַ וְרָדִים (ז)
hondsroos (de)	'vered bar	וֶרֶד בָּר (ז)

144. Vruchten. Bessen

vrucht (de)	pri	פְּרִי (ז)
vruchten (mv.)	perot	פֵּירוֹת (ז״ר)
appel (de)	ta'puaχ	תַּפּוּחַ (ז)
peer (de)	agas	אַגָּס (ז)
pruim (de)	ʃezif	שְׁזִיף (ז)
aardbei (de)	tut sade	תּוּת שָׂדֶה (ז)
zure kers (de)	duvdevan	דּוּבְדְּבָן (ז)
zoete kers (de)	gudgedan	גּוּדְגְּדָן (ז)
druif (de)	anavim	עֲנָבִים (ז״ר)
framboos (de)	'petel	פֶּטֶל (ז)
zwarte bes (de)	dumdemanit ʃχora	דּוּמְדְּמָנִית שְׁחוֹרָה (נ)
rode bes (de)	dumdemanit aduma	דּוּמְדְּמָנִית אֲדוּמָּה (נ)
kruisbes (de)	χazarzar	חֲזַרְזַר (ז)
veenbes (de)	χamutsit	חֲמוּצִית (נ)
sinaasappel (de)	tapuz	תַּפּוּז (ז)
mandarijn (de)	klemen'tina	קְלֵמֶנְטִינָה (נ)
ananas (de)	'ananas	אֲנָנָס (ז)
banaan (de)	ba'nana	בַּנָנָה (נ)
dadel (de)	tamar	תָּמָר (ז)
citroen (de)	limon	לִימוֹן (ז)
abrikoos (de)	'miʃmeʃ	מִשְׁמֵשׁ (ז)
perzik (de)	afarsek	אֲפַרְסֵק (ז)
kiwi (de)	'kivi	קִיוִוי (ז)
grapefruit (de)	eʃkolit	אֶשְׁכּוֹלִית (נ)
bes (de)	garger	גַּרְגֵּר (ז)
bessen (mv.)	gargerim	גַּרְגְּרִים (ז״ר)
vossenbes (de)	uχmanit aduma	אוּכְמָנִית אֲדוּמָּה (נ)
bosaardbei (de)	tut 'ya'ar	תּוּת יַעַר (ז)
bosbes (de)	uχmanit	אוּכְמָנִית (נ)

145. Bloemen. Planten

bloem (de)	'peraχ	פֶּרַח (ז)
boeket (het)	zer	זֵר (ז)
roos (de)	'vered	וֶרֶד (ז)
tulp (de)	tsiv'oni	צִבְעוֹנִי (ז)
anjer (de)	tsi'poren	צִיפּוֹרֶן (ז)
gladiool (de)	glad'yola	גְלַדְיוֹלָה (נ)
korenbloem (de)	dganit	דְגָנִית (נ)
klokje (het)	pa'amonit	פַּעֲמוֹנִית (נ)
paardenbloem (de)	ʃinan	שִׁינָן (ז)
kamille (de)	kamomil	קָמוֹמִיל (ז)
aloë (de)	alvai	אֲלוַאי (ז)
cactus (de)	'kaktus	קַקטוּס (ז)
ficus (de)	'fikus	פִיקוּס (ז)
lelie (de)	ʃoʃana	שׁוֹשַׁנָה (נ)
geranium (de)	ge'ranyum	גֶרַניוּם (ז)
hyacint (de)	yakinton	יָקִינטוֹן (ז)
mimosa (de)	mi'moza	מִימוֹזָה (נ)
narcis (de)	narkis	נַרקִיס (ז)
Oostindische kers (de)	'kova hanazir	כּוֹבַע הַנָזִיר (ז)
orchidee (de)	saχlav	סַחלָב (ז)
pioenroos (de)	admonit	אַדמוֹנִית (נ)
viooltje (het)	sigalit	סִיגָלִית (נ)
driekleurig viooltje (het)	amnon vetamar	אַמנוֹן וְתָמָר (ז)
vergeet-mij-nietje (het)	ziχ'rini	זִכרִינִי (ז)
madeliefje (het)	marganit	מַרגָנִית (נ)
papaver (de)	'pereg	פֶּרֶג (ז)
hennep (de)	ka'nabis	קָנָאבִּיס (ז)
munt (de)	'menta	מֶנתָה (נ)
lelietje-van-dalen (het)	zivanit	זִיווֹנִית (נ)
sneeuwklokje (het)	ga'lantus	גָלַנטוּס (ז)
brandnetel (de)	sirpad	סִרפָּד (ז)
veldzuring (de)	χum'a	חוּמעָה (נ)
waterlelie (de)	nufar	נוּפָר (ז)
varen (de)	ʃaraχ	שָׂרָך (ז)
korstmos (het)	χazazit	חָזָזִית (נ)
oranjerie (de)	χamama	חֲמָמָה (נ)
gazon (het)	midʃa'a	מִדשָׁאָה (נ)
bloemperk (het)	arugat praχim	עֲרוּגַת פּרָחִים (נ)
plant (de)	'tsemaχ	צֶמַח (ז)
gras (het)	'deʃe	דֶשֶׁא (ז)
grassspriet (de)	giv'ol 'esev	גִבעוֹל עֵשֶׂב (ז)

blad (het)	ale	עָלֶה (ז)
bloemblad (het)	ale ko'teret	עָלֶה כּוֹתֶרֶת (ז)
stengel (de)	giv'ol	גִבְעוֹל (ז)
knol (de)	'pka'at	פְּקַעַת (נ)
scheut (de)	'nevet	נֶבֶט (ז)
doorn (de)	kots	קוֹץ (ז)
bloeien (ww)	lif'roax	לִפְרוֹחַ
verwelken (ww)	linbol	לִנְבּוֹל
geur (de)	'reax	רֵיחַ (ז)
snijden (bijv. bloemen ~)	ligzom	לִגְזוֹם
plukken (bloemen ~)	liktof	לִקְטוֹף

146. Granen, graankorrels

graan (het)	tvu'a	תְּבוּאָה (נ)
graangewassen (mv.)	dganim	דְּגָנִים (ז"ר)
aar (de)	ʃi'bolet	שִׁיבּוֹלֶת (נ)
tarwe (de)	xita	חִיטָה (נ)
rogge (de)	ʃifon	שִׁיפוֹן (ז)
haver (de)	ʃi'bolet ʃu'al	שִׁיבּוֹלֶת שׁוּעָל (נ)
gierst (de)	'doxan	דּוֹחַן (ז)
gerst (de)	se'ora	שְׂעוֹרָה (נ)
maïs (de)	'tiras	תִּירָס (ז)
rijst (de)	'orez	אוֹרֶז (ז)
boekweit (de)	ku'semet	כּוּסֶמֶת (נ)
erwt (de)	afuna	אֲפוּנָה (נ)
boon (de)	ʃu'it	שְׁעוּעִית (נ)
soja (de)	'soya	סוֹיָה (נ)
linze (de)	adaʃim	עֲדָשִׁים (נ"ר)
bonen (mv.)	pol	פּוֹל (ז)

LANDEN. NATIONALITEITEN

147. West-Europa

Europa (het)	ei'ropa	אֵירוֹפָּה (נ)
Europese Unie (de)	ha'ixud ha'eiro'pe'i	הָאִיחוּד הָאֵירוֹפִּי (ז)
Oostenrijk (het)	'ostriya	אוֹסְטְרִיָה (נ)
Groot-Brittannië (het)	bri'tanya hagdola	בְּרִיטַנְיָה הַגְדוֹלָה (נ)
Engeland (het)	'angliya	אַנְגלִיָה (נ)
België (het)	'belgya	בֶּלְגִיָה (נ)
Duitsland (het)	ger'manya	גֶרְמַנְיָה (נ)
Nederland (het)	'holand	הוֹלַנד (נ)
Holland (het)	'holand	הוֹלַנד (נ)
Griekenland (het)	yavan	יָוָון (נ)
Denemarken (het)	'denemark	דֶנֶמַרק (נ)
Ierland (het)	'irland	אִירלַנד (נ)
IJsland (het)	'island	אִיסלַנד (נ)
Spanje (het)	sfarad	סְפָרַד (נ)
Italië (het)	i'talya	אִיטַלִיָה (נ)
Cyprus (het)	kafrisin	קַפְרִיסִין (נ)
Malta (het)	'malta	מַלטָה (נ)
Noorwegen (het)	nor'vegya	נוֹרבֶגיָה (נ)
Portugal (het)	portugal	פּוֹרטוּגַל (נ)
Finland (het)	'finland	פִינלַנד (נ)
Frankrijk (het)	tsarfat	צָרפַת (נ)
Zweden (het)	'ʃvedya	שְבֶדיָה (נ)
Zwitserland (het)	'ʃvaits	שווייץ (נ)
Schotland (het)	'skotland	סקוֹטלַנד (נ)
Vaticaanstad (de)	vatikan	וָתִיקָן (ז)
Liechtenstein (het)	lixtenʃtain	לִיבטֶנשטַיין (נ)
Luxemburg (het)	luksemburg	לוּקסֶמבּוּרג (נ)
Monaco (het)	mo'nako	מוֹנָקוֹ (נ)

148. Centraal- en Oost-Europa

Albanië (het)	al'banya	אַלבָּניָה (נ)
Bulgarije (het)	bul'garya	בּוּלגָרִיָה (נ)
Hongarije (het)	hun'garya	הוּנגָרִיָה (נ)
Letland (het)	'latviya	לַטבִיָה (נ)
Litouwen (het)	'lita	לִיטָא (נ)
Polen (het)	polin	פּוֹלִין (נ)

Roemenië (het)	ro'manya	רוֹמַניָה (נ)
Servië (het)	'serbya	סֶרביָה (נ)
Slowakije (het)	slo'vakya	סלוֹבַקיָה (נ)
Kroatië (het)	kro"atya	קרוֹאָטיָה (נ)
Tsjechië (het)	'tʃexya	צ'כיָה (נ)
Estland (het)	es'tonya	אֶסטוֹניָה (נ)
Bosnië en Herzegovina (het)	'bosniya	בּוֹסניָה (נ)
Macedonië (het)	make'donya	מָקֶדוֹניָה (נ)
Slovenië (het)	slo'venya	סלוֹבֶניָה (נ)
Montenegro (het)	monte'negro	מוֹנטֶנֶגרוֹ (נ)

149. Voormalige USSR landen

Azerbeidzjan (het)	azerbaidʒan	אָזֶרבַּייגָ'ן (נ)
Armenië (het)	ar'menya	אָרמֶניָה (נ)
Wit-Rusland (het)	'belarus	בֶּלָרוּס (נ)
Georgië (het)	'gruzya	גרוּזיָה (נ)
Kazakstan (het)	kazaxstan	קָזחסטָן (נ)
Kirgizië (het)	kirgizstan	קירגיזסטָן (נ)
Moldavië (het)	mol'davya	מוֹלדָביָה (נ)
Rusland (het)	'rusya	רוּסיָה (נ)
Oekraïne (het)	uk'rayna	אוּקרָאִינָה (נ)
Tadzjikistan (het)	tadʒikistan	טַגִ'יקיסטָן (נ)
Turkmenistan (het)	turkmenistan	טוּרקמֶניסטָן (נ)
Oezbekistan (het)	uzbekistan	אוּזבֶּקיסטָן (נ)

150. Azië

Azië (het)	'asya	אָסיָה (נ)
Vietnam (het)	vyetnam	ויֶטנָאם (נ)
India (het)	'hodu	הוֹדוּ (נ)
Israël (het)	yisra'el	יִשֹרָאֵל (נ)
China (het)	sin	סִין (נ)
Libanon (het)	levanon	לְבָנוֹן (נ)
Mongolië (het)	mon'golya	מוֹנגוֹליָה (נ)
Maleisië (het)	ma'lezya	מָלֶזיָה (נ)
Pakistan (het)	pakistan	פָּקיסטָן (נ)
Saoedi-Arabië (het)	arav hasa'udit	עֲרָב הַסָעוּדִית (נ)
Thailand (het)	'tailand	תָאילַנד (נ)
Taiwan (het)	taivan	טיוָון (נ)
Turkije (het)	'turkiya	טוּרקיָה (נ)
Japan (het)	yapan	יַפָּן (נ)
Afghanistan (het)	afganistan	אָפגָניסטָן (נ)
Bangladesh (het)	bangladeʃ	בֶּנגלָדֶש (נ)

Indonesië (het)	indo'nezya	אִינְדוֹנֶזְיָה (נ)
Jordanië (het)	yarden	יַרְדֵן (ז)
Irak (het)	irak	עִירָאק (ז)
Iran (het)	iran	אִירָן (ז)
Cambodja (het)	kam'bodya	קַמְבּוֹדְיָה (נ)
Koeweit (het)	kuveit	כּוּוֵית (נ)
Laos (het)	la'os	לָאוֹס (ז)
Myanmar (het)	miyanmar	מְיַאנְמָר (נ)
Nepal (het)	nepal	נֶפָּאל (ז)
Verenigde Arabische Emiraten	iχud ha'emi'royot ha'araviyot	אִיחוּד הָאָמִירוּיוֹת הָעֲרָבִיוֹת (ז)
Syrië (het)	'surya	סוּרִיָה (נ)
Palestijnse autonomie (de)	falastin	פָּלַסְטִין (נ)
Zuid-Korea (het)	ko'rei'a hadromit	קוֹרִיאָה הַדְרוֹמִית (נ)
Noord-Korea (het)	ko'rei'a hatsfonit	קוֹרִיאָה הַצְפוֹנִית (נ)

151. Noord-Amerika

Verenigde Staten van Amerika	artsot habrit	אַרְצוֹת הַבְּרִית (נ״ר)
Canada (het)	'kanada	קָנָדָה (נ)
Mexico (het)	'meksiko	מֶקְסִיקוֹ (נ)

152. Midden- en Zuid-Amerika

Argentinië (het)	argen'tina	אַרְגֶנְטִינָה (נ)
Brazilië (het)	brazil	בְּרָזִיל (נ)
Colombia (het)	ko'lombya	קוֹלוֹמְבְּיָה (נ)
Cuba (het)	'kuba	קוּבָּה (נ)
Chili (het)	'tʃile	צִ׳ילֶה (נ)
Bolivia (het)	bo'livya	בּוֹלִיבְיָה (נ)
Venezuela (het)	venetsu"ela	וֶנֶצוּאֶלָה (נ)
Paraguay (het)	paragvai	פָּרָגוַואי (נ)
Peru (het)	peru	פֶּרוּ (נ)
Suriname (het)	surinam	סוּרִינָאם (נ)
Uruguay (het)	urugvai	אוּרוּגוַואי (נ)
Ecuador (het)	ekvador	אֶקוָודוֹר (נ)
Bahama's (mv.)	iyey ba'hama	אִיֵי בָּהָאמָה (ז״ר)
Haïti (het)	ha"iti	הָאִיטִי (נ)
Dominicaanse Republiek (de)	hare'publika hadomeni'kanit	הָרֶפּוּבְּלִיקָה הַדוֹמִינִיקָנִית (נ)
Panama (het)	pa'nama	פָּנָמָה (נ)
Jamaica (het)	dʒa'maika	גַ׳מַייקָה (נ)

153. Afrika

Egypte (het)	mits'rayim	מִצְרַיִם (נ)
Marokko (het)	ma'roko	מָרוֹקוֹ (נ)
Tunesië (het)	tu'nisya	טוּנִיסְיָה (נ)
Ghana (het)	'gana	גָאנָה (נ)
Zanzibar (het)	zanzibar	זַנְזִיבָּר (נ)
Kenia (het)	'kenya	קֶנְיָה (נ)
Libië (het)	luv	לוּב (נ)
Madagaskar (het)	madagaskar	מָדָגַסְקָר (ז)
Namibië (het)	na'mibya	נָמִיבְּיָה (נ)
Senegal (het)	senegal	סֶנֶגָל (נ)
Tanzania (het)	tan'zanya	טַנְזַנְיָה (נ)
Zuid-Afrika (het)	drom 'afrika	דְרוֹם אַפְרִיקָה (נ)

154. Australië. Oceanië

Australië (het)	ost'ralya	אוֹסְטְרַלְיָה (נ)
Nieuw-Zeeland (het)	nyu 'ziland	נְיוּ זִילֶנְד (נ)
Tasmanië (het)	tas'manya	טַסְמַנְיָה (נ)
Frans-Polynesië	poli'nezya hatsarfatit	פּוֹלִינֶזְיָה הַצָרְפָתִית (נ)

155. Steden

Amsterdam	'amsterdam	אַמְסְטֶרְדָם (נ)
Ankara	ankara	אַנְקָרָה (נ)
Athene	a'tuna	אָתוּנָה (נ)
Bagdad	bagdad	בַּגְדָד (נ)
Bangkok	bangkok	בַּנְגְקוֹק (נ)
Barcelona	bartse'lona	בַּרְצֶלוֹנָה (נ)
Beiroet	beirut	בֵּירוּת (נ)
Berlijn	berlin	בֶּרְלִין (נ)
Boedapest	'budapeʃt	בּוּדָפֶּשְט (נ)
Boekarest	'bukareʃt	בּוּקָרֶשְט (נ)
Bombay, Mumbai	bombei	בּוֹמְבֵּי (נ)
Bonn	bon	בּוֹן (נ)
Bordeaux	bordo	בּוֹרְדוֹ (נ)
Bratislava	bratis'lava	בְּרָטִיסְלָאבָה (נ)
Brussel	brisel	בְּרִיסֶל (נ)
Caïro	kahir	קָהִיר (נ)
Calcutta	kol'kata	קוֹלְקָטָה (נ)
Chicago	ʃi'kago	שִיקָאגוֹ (נ)
Dar Es Salaam	dar e salam	דָאר אֶ־סָלָאם (נ)
Delhi	'delhi	דֶלְהִי (נ)
Den Haag	hag	הָאג (נ)

Dubai	dubai	דוּבַּאי (נ)
Dublin	'dablin	דַּבְּלִין (נ)
Düsseldorf	'diseldorf	דִּיסֶלְדּוֹרף (נ)
Florence	fi'rentse	פִירֶנְצֶה (נ)
Frankfurt	'frankfurt	פְרַנקפוּרט (נ)
Genève	dʒe'neva	גֶ'נֶבָה (נ)
Hamburg	'hamburg	הַמבּוּרג (נ)
Hanoi	hanoi	הָאנוֹי (נ)
Havana	ha'vana	הָוָואנָה (נ)
Helsinki	'helsinki	הֶלסִינקִי (נ)
Hiroshima	hiro'ʃima	הִירוֹשִׁימָה (נ)
Hongkong	hong kong	הוֹנג קוֹנג (נ)
Istanbul	istanbul	אִיסטַנבּוּל (נ)
Jeruzalem	yeruʃa'layim	יְרוּשָׁלַיִם (נ)
Kiev	'kiyev	קִיֶב (נ)
Kopenhagen	kopen'hagen	קוֹפֶּנהָגֶן (נ)
Kuala Lumpur	ku"ala lumpur	קוּאָלָה לוּמפּוּר (נ)
Lissabon	lisbon	לִיסבּוֹן (נ)
Londen	'london	לוֹנדוֹן (נ)
Los Angeles	los 'andʒeles	לוֹס אַנגֶ'לֶס (נ)
Lyon	li'on	לִיאוֹן (נ)
Madrid	madrid	מַדרִיד (נ)
Marseille	marsei	מַרסֵיי (נ)
Mexico-Stad	'meksiko 'siti	מֶקסִיקוֹ סִיטִי (נ)
Miami	ma'yami	מָיָאמִי (נ)
Montreal	montri'ol	מוֹנטרִיאוֹל (נ)
Moskou	'moskva	מוֹסקבָה (נ)
München	'minxen	מִינכֶן (נ)
Nairobi	nai'robi	נַיירוֹבִּי (נ)
Napels	'napoli	נָפּוֹלִי (נ)
New York	nyu york	נִיוּ יוֹרק (נ)
Nice	nis	נִיס (נ)
Oslo	'oslo	אוֹסלוֹ (נ)
Ottawa	'otava	אוֹטָוָוה (נ)
Parijs	pariz	פָּרִיז (נ)
Peking	beidʒing	בַּיייגִ'ינג (נ)
Praag	prag	פּרָאג (נ)
Rio de Janeiro	'riyo de ʒa'nero	רִיוֹ דָה זָ'נֶרוֹ (נ)
Rome	'roma	רוֹמָא (נ)
Seoel	se'ul	סָאוּל (נ)
Singapore	singapur	סִינגָפּוּר (נ)
Sint-Petersburg	sant 'petersburg	סַנט פֶּטֶרסבּוּרג (נ)
Sjanghai	ʃanxai	שַׁנחַאי (נ)
Stockholm	'stokholm	סטוֹקהוֹלם (נ)
Sydney	'sidni	סִידנִי (נ)
Taipei	taipe	טָאיפֶּה (נ)
Tokio	'tokyo	טוֹקיוֹ (נ)
Toronto	to'ronto	טוֹרוֹנטוֹ (נ)

Venetië	ve'netsya	וֶנֶצְיָה (נ)
Warschau	'varʃa	וַרְשָׁה (נ)
Washington	'voʃington	וֹשִׁינגטוֹן (נ)
Wenen	'vina	וִינָה (נ)

www.ingramcontent.com/pod-product-compliance
Lightning Source LLC
Chambersburg PA
CBHW070556050426
42450CB00011B/2894

9781787164383